敬天爱人

敬天爱人

培养收割工人的训练

福田充男

Wide Margin

目录

简介   1

谢词   5

敬天爱人   7

背诵主的律法   13

是天外内，不是天内外   19

练习喜乐   25

辨明神的声音   31

向天父求问   37

天外内小组   43

丈夫和妻子的习惯   49

用你的见证作武器   55

钱财的管理   61

互动式查经   67

差遣训练者   73

推开多米诺骨牌   79

共同体改革   85

发展并辅导新的领袖   91

赋予教会的五种功能   97

后记 被普通人所变革的世界   103

简介

2004年的夏天，我访问了泰国的普吉岛。我清早起来，沿着无人的海岸线漫步，透明的安达曼海的波浪轻轻地拍打着绵延几公里的沙滩。沙滩的沙子很细软，每次踩上去都会发出咯吱咯吱的响声。

我停住脚步抓起了一把沙子，看着沙粒从我的指尖落下，我不由自主地对自己说："太多了，无法计算，整个海洋底部都被无数的沙粒所充满。"

正说这话的时候，我听到了神的声音："你的后裔将要如此。"

我当时蹲在地上，哭了好久。我对于神对于我们的深切关怀和能把这样的责任寄托给我们这样的罪人的那种度量所感到惊讶。在创22：17中神与亚伯拉罕约定："论福，我必赐大福给你，论子孙，我必叫你的子孙多起来，如同天上的星，海边的沙。你子孙必得着仇敌的城门。"神也想要与这时代的人们立同样的约定。

天主教向日本宣教已有460余年，新教也有150余年了。在这期间，为了传教毫不吝啬地投入了许多资源，但日本就像个不孕的妇人，没能生养出子孙。神对我们这样的国家说："你这不怀孕，不生养的，要歌唱；你这未曾经过产难的，要发声歌唱，扬声欢呼。"（赛54：1）收割的时候临近了。

那么处在收割的前夕的我们应该怎样做才好呢？在这个国家为了实现与亚伯拉罕的承诺，在未来的十年中我们可以只做祷告，但是现在为了实现约定，我们应该着手进行信仰的下一个阶段。

我们除了一边要持续祷告，一边还要同时效仿太25：1-13中的聪明的童女，学习她们用实际行动去预备油在器皿里一样，我们也应该有实际的行动。那是为了收割所要准备的工人。如果神在一天之内把十个改信者带到教会，能把他们培养好吗？如果一周内增加至一百人又会怎么样？教会能在一个月之内接纳一千个人吗？如果今年有一百万人得救了，教会是否已经准备好怎样去培养他们。

神要我们去预备收割庄稼的工人。

这些工人需要具备什么条件呢？首先，他们需要能理解神所说的。如约一：2：27写到的："你们从主所受的恩膏常存在你们心里，并不用人教训你们。"

属神的人有神的灵在他里面，他有能力去听神的声音，这能力不只是赐给特别的人，而且还赐给"没有学问的小民"（徒4：13），使他们也能听到神的声音，并完成收割的使命。最普通的基督徒在每一天，每一瞬间都注目在耶稣身上，因此也能从主领受信息（徒2：17-18）。我们领受信息的目的，基本上不是为着满足自己的需要，神是要使用我们向别人传递他的信息，我们可说是神的邮递员。

收割工人的第二个特征是：他们必须要被神差遣，去服侍别人。"不是要受人的服侍，乃是要服侍人"（太20：28），我们和耶稣一样，为成为别人的仆人而被差遣。

我刚才提到邮递员，邮递员不只是接受信息，而且还要把信息传递出去。如果神告诉我们"今天上午打电话给某某人，去鼓励他"或"中午吃饭的时候，仔细听旁边的人在说什么话"，或"烤一个饼过去"，他就会引导我们做一些以爱为准则的行动，我们存在的本身就是"基督的信"（林后3：3）。

就算一个优秀的人能成为一个忠心的邮递员，他还是不能胜任整个收割的工作。耶稣说"要收的庄稼多，做工的人少"（路10：2），我们需要培养更多的工人。我们不能一直把门训的教杆抓在手里不放，而应该能传给别人。

收割的工人第三个特征是：他们牺牲自己，并且把他们接受的教杆传递给别人。

培训别人就要牺牲自己，耶稣说："一粒麦子不落在地里死了，仍就是一粒；若是死了,就结出许多子粒来。"（约12：24）。你若活着是不会看到后代的，"若有人要跟从我，就当舍己，天天背起他的十字架来跟从我"（路9：23；另见林前15：31）。遵行这命令的人，会成长为"背起十字架"所表示的榜样。

这类的门徒训练不需要由专家来做，只要人能领受神的心意，他就能做。它不能从听演讲来学到，而是要在实际操练中传递简单的技巧。首先，训练者要成为被训练者的榜样，被训练者要观察他们。然后，在培训的过程中，培训者有一段时期会得到被培训者的帮助。被培训者成熟后，他们会超越培训者，渐渐负起更多的责任去培养其他人。侍奉的技巧就用这种方式有效的传递下去。它不需要通过特别的活动或组织来进行，只要是有决心跟随神的任何一个普通人，在任何时候任何地点都能做到。

我靠着神的恩典，八年来通过在宣教中的不断摸索，设计和构建了一个草根门徒训练框架，这本书就是这框架的摘要。

这个训练计划的特点是既简单又实用。我尽量把它简单化，尽量能让更多的人使用它。如果要把教杆一个接一个的传下去，这个教杆一定要轻。但是不能为了使简单化而把本质的东西给省略掉。所以在简单的同时，我们还要叫它能发挥作用。也就是说，它能促进被训练者与神之间的直接交流，把被训练者自身的变化和成长作为一个渠道。例如敬拜以向神提出简单的问题，并且侧重聆听神的回应为重点。我们鼓励人直接与神交流，我们不需要太详细的指导，应该如何祷告，而是让人通过自己与神的交流来明白自己的心意。

我确信，如果一般的信徒能在日常生活中能用这种方式传递教杆，就必然能不断的培养出收割的工人和培养工人的人，更进一步的能够培养出培养培养者的培养者。

现在我们开始吧！

简介

谢词

这本书是与许多朋友共同合作的结果。

通过很多的旅程，在给各种各样的人训练的过程中，有哭泣，有欢笑，有失落，也有感动。我们一起体会了神的心意。

旅途中的朋友是我的自豪，也是我的家人。

他们很开心，因为这是实现全国人民都能成为弟子的"神的梦"的一部分。

如果没有这些朋友的支持，这本书也可能完成不了。

从地引网出版社的谷口和一郎先生那里得到了很多实务性的建议。为此深表谢意。

第一课
敬天爱人

为了一个听众而演奏

从前有一个很有才能的钢琴演奏者，当时他还是一个天真的少年。当他演奏完毕时，观众席上的人都站起来，鼓掌震耳欲聋，"再来一首"的声音充满了整个大厅。

但站在舞台一侧的少年却无动于衷。于是乐团指挥转过来对他说："每个人都叫你再来一首呢！"少年回答说："坐在二楼中间的那个白发老人没有站起来。"指挥不耐烦地说："也许他的听觉不好，或者他的腿不方便站起来，其他的人都站起来了。"但少年难过地说："不，那个人是我的钢琴老师。"

听众的鼓掌和喝彩对于这个少年而言意义并不大，虽然大厅里有许多的人，但他只是在一个人前演奏。即使所有的听众对于他么演奏没有给与任何评价，但是如果是最了解他的老师给了他好的评价，他也会很乐意去再弹一曲。

在使徒行传第七章中记载了司提反在众人面前所说的演说。跟刚才少年演奏的情况不太一样的是，司提反的听众非常气愤。"众人听见这话，就极其恼怒，向司提反咬牙切齿。"（徒7:54）但是当时只有一个人对他的演说给予了最高的评价。那个人就是信任他的，让他去站在演讲台演讲的耶稣。

"但司提反被圣灵充满，定睛望天，看见神的荣耀，又看见耶稣站在神的右边，就说：'我看见天开了，人子站在神的右边。'"（徒7:55-56）

虽然被人否定或藐视是一件痛苦的事，但我想如果我看见坐在神右边的耶稣为我站起来，我应该会满足的。我很喜欢圣经里的这句话"我父母离弃我，耶和华必收留我"。（诗27:10）当司提反看见主的荣耀时，他受到的鼓励是何等大呢!

如果在我人生终了时，能听到："你干得很好，我一直在关注着你，你表现得很好，我知道你全力以赴了。"这些话时，所有的挣扎痛苦都是值得的。我一生所追求的就是那一刻，因为我有这个追求，我才想要竭尽全力过每一天。

神自己会使我们完全

在人生最后的落幕中，再也没有能比看到耶稣为我们站立更好的了，死是反映到死为止所经历活的方式的缩影，不可能一时就能形成。我们只有每天忠心地活在神面前，才能有最终美好的落幕。

但在我们的一生中，神也有他的责任（参照申32:10-12）。即使我们忠心行在神面前，那也是靠他的恩典，没有其它可夸口的（路17:10）。在我与神交通的过程中，神一直在教导我，并且帮助我把自己奉献给他。

我们的一生是"神的工作"（弗2:10），是由神开始的，他也会成全。当腓立比教会面对诸多问题时，保罗写道："我深信那在你们心里动了善工的，必成全这工，直到耶稣基督的日子。（腓1:6）

我一个已经去世的姨妈很善于刺绣，可以巧妙的编织从精巧的花边针织物，到甚至可以卖的了的娃娃。当你看作品的反面，你看不出它的整体构造，只能看到很多的结和碎线；但当你翻到正面时，你就明白了："原来这条黑线是用作这个部分的……"当我们完成一生的使命，神向我们显示这完成的作品的正面时，会说多么是多么美丽的作品啊。

在我们的一生中，无可避免会碰到困难的时候，有时会很愤怒："为什么我会遇到这样的事？"那是因为我们没看见作品的另一面。但如果我们像司提反一样定睛望天（徒7:55），我们就能感觉到，正在瞭望针织的全体面貌的耶稣的眼神。神通过加添试炼和困难来完成他的工作，也就是我们的人生。

如果你想要酿制口感好的葡萄酒，就必须要有适当的气候；同样地，我们所遇见的试炼和苦难都绝非偶然，这是神在完成他的工作中一个不可欠缺的条件。甚至耶稣"还是因所受的苦难学了顺从。他既得以完全"（来5:8-9）。所以我们所遇到的每一件事都是有意义的。

既然我们的人生是神的作品，我们不能说"我真是没有用"？如果我们贬低一件作品，那其实是在间接贬低它的创作者。毕加索和德加的素描，毕加索和德加的素描，虽然是草稿，甚至是没有完成的作品也价格不菲。同样的，我们的人生也没有完成，甚至有很多缺陷，但由于神是高尚伟大的，所以他的作品也是有价值的。

一部作品能反映出他的作者，所有的创造物也都反映出造物主神一部分的美丽，但圣经告诉我们，唯有人是"照着自己的形象照的（创1:27），这是人类所独有的荣耀。们的人生是神的彰显，也是神的诗歌。

如果人人都能明白他们是神的作品，他会感到惊讶，他每天会兴奋地期待神将要在他身上的新的作为。

如果要心甘情愿的去接受，我们是神的作品的事实，那需要一些训练。因为很多人是一边听着伤害他们尊严的话所成长的，所以在心理很自然的附着了责备自己的思考模式。我们每天都能听得见"你是没有价值的"那些话。所以我们需要每天去听创造我们的神的声音，也应需要抱着："我的人生如杰作，是有价值的，总有一天会被完成。"的希望去过每一天。

敬天爱人的生活态度

对于神在我们一生中所赐下的奇妙恩典，我们应该怎样回应？我们有两个方法可以表达对神的爱。

第一，是表达我们的喜悦。如果接受礼物的人对你精心准备礼物不感兴趣，或是表示不满，那会很扫兴。如果人在接受神的礼物时展现出笑容，神必然会感到很满足，很欣慰。

我们的天父赐给我们很好的东西（太7:11），保罗这样形容神的宽大："神既不爱惜自己的儿子为我们众人舍了，岂不也把万物和他一同白白地赐给我们吗？"（罗8:32）

经常感谢神，能让神高兴是爱神的一种表现，能让福音流传下去的一种手段。

如果能做到在（希伯13:15）中写到的。"常常以颂赞为祭献给神，这就是那承认主名之人嘴唇的果子"就能充分的表示对神的爱吗？

约一5:3里说"我们遵守神的诚命，这就是爱他了。"如果我们唱着"我爱你，我爱你"，却不遵守他的诚命，就不是在真正爱神。

表达对神的爱的另一个办法，是按他所要求的去做，"听命胜于献祭"（撒上15:22）。神是沟通交流的高手，每天都回提示他是多么的爱我们的同时，也会指点给我们应该怎样去生活。

如果你的车里装有卫星导航系统，那么即使你不熟悉路，你也可以到达目的地。同样地，神在天上注视着我们，且能够引导我们走应该走的路。最安全和丰富的生活方式，就是按神所指导的去做。

神要我们做什么呢？耶稣很明确的告诉我们"要爱邻舍如同自己"（路10:27）。耶稣为了使我们得永生，虚己取了奴仆的形像，最后舍了自己的性命（参照腓2:5-11），神要指示我们照样他所说的去服侍别人。

我们聆听神的声音，最基本的目的不是为了自己，而是为了神，及邻舍。神的作品被服侍人的性情所充满。

我们要尊敬天父，要听从他的指示，要爱邻舍。要做到所谓的敬天爱人的生活方式。更进一步的说，门徒训练的课题是，宁可牺牲自己的生命要为了培养出能培养弟子的人。

天外内训练课程，教我们每天怎样能做到"敬天爱人"。我们希望通过48小时的训练，使人能够引领别人归向基督，并能给予人"敬天爱人"的基本训练。

天外内课程中"天"是指与神的关系，"外"是指与世界的关系，"内"是指与自己以及与朋友的关系。它是很简单的训练模式，人人都能记得住，也能简单地传授给别人。

在下一章中我们会详细解释这一点。

我们是为了爱神爱邻舍而被造的"神的作品"。一个人信主后、带领他信主的人应立刻亲自教导他"敬天爱人"的生活方式, 帮助他能在生活里实践它。

第二课
背诵主的律法

主题歌

现在介绍这课程的主题歌，调用《茉莉花》

在天上我名字被记载，每早晨起床时开始喜乐，听到美丽主声音，顺服委身时时做，学主谦卑服事人，见证神的国，从此呀直到地极

在患难中我也要欢喜，因为知道患难生忍耐，忍耐又会生老练，性情天天被更新，变成基督的样式，要彼此相爱，作主美好的见证

这首歌有简单的配合动作，起初上这课程的人需要记住歌和动作。这很容易记，有一个两岁大的孩子，说话还说不清楚，没有人教过她，自己就能跳了。我听说有些姊妹已经养成唱这首歌的习惯，每天早晨第一件事就是唱这首歌。

这首歌总结了天外内课程的精华。如果你能背下这首歌的歌词，你就能掌握整个课程的内容，无论什么时候都可以边唱边复习。通过简单的语言的形象来反复练习，也是这个训练的一个目标。

我在不同国家从事训练的时候，都会选择当地人熟悉的歌作为主题歌。去年，访问了一个地方，当时用的同谱换词的歌是在当地广为流传的民谣。

有一个学员在训练结束后，回到老家，他凌晨3点醒来，唱了这首歌。他的邻居听到后觉得旋律很熟悉，但是歌词不一样。就向像他问起关于这首

歌的歌词，通过向他们解释歌词的意思，他们就信了耶稣。在之后的三个半月中，大约有50人得救了。

简短

圣经中最重要的诚命是记载在申6:5"你要尽心、尽性、尽力爱耶和华你的神"。下面一段经文说明怎样实践这个诚命。

"我今日所吩咐你的话都要记在心上，也要殷勤教训你的儿女，无论你坐在家里，行在路上，躺下，起来，都要谈论；也要系在手上为记号，戴在额上为经文；又要写在你房屋的门框上，并你的城门上。"（申6:6-9）

系在手上的线或写在门框上的记录，都能反复的得提醒我们，这样简单且容易唤醒记忆。

如果你得到很好的建议，就去实践它，这是天经地义的事。如果你不断的去复习并背诵，你就会把神的旨意深深烙印在心里，并且把它当成日常的生活习惯，你需要去复习并记得这些新的观念，使你的行为可以建立在它的基础上。

雅各很巧妙地说明了这一点："因为听道而不行道的，就像人对着镜子看自己本来的面目，看见，走后，随即忘了他的相貌如何。惟有详细查看那全备，使人自由之律法的，并且时常如此，这人既不是听了就忘，乃是实在行出来。就在他所行的事上必然得福。"（雅1:23-25）

就像你每天出门以前花很多时间化妆，你也未必记得你脸的样子。同样地，一个人不能够把圣经运用在日常生活中，除非他真正努力地把神的话放在他生活中的"特殊位置"——不只是在灵修时间（相当于心灵在照镜子）。如果他不把圣经实践出

14

来，那么无论他受到多少的教导，他走开以后都会忘掉。

诗人这样描述如何实践神的话的人："惟喜爱耶和华的律法，昼夜思想"。（诗1:2）如果你要昼夜思想神的诫命，这诫命就需要用简单明了的形式表达。

如果简单易懂，就容易拿来教导别人。即使没有特意去教，也可能会有只听赞扬就能掌握训练内容的人。而且训练孩子的时候也能在短时间内传授其内容。另一方面，如果不在简化传授内容上下功夫，随着教程体系的增大，就会出现如果没有专门的老师花时间去教就不能传授的问题。

"我今日所吩咐你的诫命，不是你难行的，也不是离你远的，不是在天上，使你说：'谁替我们上天取下来，使我们听见，可以遵行呢？'也不是在海外，使你说：'谁替我们过海取了来，使我们听见，可以遵行呢？'这话却离你甚近，就在你口中，在你心里，使你可以遵行。"（申30:11-14）

耶稣的教导并不复杂，不是那种需要经过长期训练的人才能实践的，人人都可以从圣经里学到东西，人人都可以去回味圣经里的话，人人都可以在日常生活中跟随神，人人都可以培养门徒。

分形框架

除了简短之外，还有一点也很重要，就是要"分形"。所谓分形是指一个图形由许多部分组成，而每个部分的框架都与它整体的框架相同。当你观察它每个部分，你都觉得它与它所属的整体相似，像是整体的缩影。

这个训练，尽可能的统一了基本框架。在文章开头所提到的歌简单介绍了神学。记住歌之后，从怎样实现小组内的讨论到怎样培养指导者，都有同样的基本框架。这样做的目的是要让你对于跟随耶稣有全面的认识，使你在任何的环境当中，都能记得基本框架。

简单的举一个分形框架的例子吧。我们在天外内课程中所常用的分形框架，是向神和对方以问答方式进行的。这些问题包括三个领域，我们会从下一个章节开始说明。问题虽然不同，却都是直截了当的触及重点。

例如，在早晨灵修中，需要向神问："今天我该向谁传福音呢？我该怎样传福音呢？"。在每周一次的小组聚会中，彼此应该问："在这星期里，跟谁分享了福音呢？"。

在培养领袖的训练当中，我们还可以问这样的问题："教会需要做什么才能帮助非基督徒得救？"或"你怎样帮助你所带领的人积极得向别人传福音？"。

类似的提问一再出现在这个体系中——每日灵修、每周小组、每月的领袖训练，使你可以有深刻的印象。

一个好的框架可以在某种程度上帮助学员，但是人们经常很快的忘记所学的，就像人离开镜子之后会忘记自己的模样一样。如果一个老师发现无论他如何去强调所教的内容，人们却不愿意改变生活时，传教者或讲师们就会觉得很失望或责怪自己。

你能否把神的话实践出来的关键，在于你的"框架"能否帮助你专注在生活中重要的事上。

刚才讲述了用简短及分形的框架去实践神旨意的好处，现在还有一个问题：仅仅如此就能使我们进入一个新的境界吗？

当然不是！结构不能创造生命，实际上是生命创造出结构。"我栽种了，亚波罗浇灌了，惟有神叫他生长。"（林前3:6）如果考虑品种和气候，搭建了一个构造很完美的葡萄棚子，这有利于葡萄树的生长，你可能会有很好的收成；但是棚子并不能产生出葡萄，棚子是死的，葡萄树是活的，只有生命才能生产生命。

当神差遣圣灵降临，教会就像一艘船，凭借圣灵的风前行。天外内课程通过不断摸索，一点一点地发展，就像船扬起帆捕捉神教训的风一样，直到现在我们还是在实践中不断地作修修整，使它变得更实用。

我热切的希望与那些真心想捕捉圣灵的风，以看见万民成为主门徒的人一同继续航行下去。

我们常常注目到能背诵的简短教导的时候，我们能实践神的旨意。

17

第三课
是天外内，
不是天内外

先内还是先外？

坐飞机时，当气压下降的时候，氧气面罩会自动掉落下来。那时你应该先为自己戴上氧气面罩，然后才应该帮你身边的儿童戴上。因为如果气压在突然剧减时，你会在20秒之内失去意识。一旦你失去了意识，你就不能再帮助旁边的人了。

大约在十年前，我用这个例子去教导人们，需要先满足自己的需要。建议在工作中有完美主义者的工作狂需要定期的放下工作，花时间去亲近神，去接触家人，朋友和大自然，去享受快乐，使身心能得到放松。耶稣也说过："信我的人，就如经上所说'从他腹中要流出活水的江河来'。"（约7:38）换句话说，如果你自己蒙福了，你所蒙的福就能涌流出去。就好比如果你自己都觉得渴，你就不能去解别人的干渴。

起初认为，在对外之前先要对内，所以我把这个课程起名叫"天内外"而不是"天外内"，但是现在我认识到必须先对外，所以我把名字改为了"天外内"。

改变的理由是，当一个人刚开始信主的时候，如果告诉他，你必须先得到医治，洁净自己，长大成熟，并要被圣灵充满，然后才能为主做工，你将会使他封闭，只专注在自己身上。医治、洁净、成熟都不是一朝一夕就能完成的事情，而是终其一生改变的过程，就像树木不断结果子一样，如果你等到这过程完成了再去做事，你将会失去对外服侍的机会。此外"被圣灵充满"是很主观的事，是应该不断经历的，你永远不知道你是否已经被充满得到了满足。

信了就开始说

约4:3-42里说到，撒玛利亚妇人在与耶稣简短谈话之后，就立刻去告诉她村子里的人，她没有谈到十字架或是复活，她对人说的是"那人将我素来所行的一切事都给我说出来了"。耶稣任用了当天才第一次见面的外邦妇女，为了拯救了那地方的人。

被群鬼所附的格拉森人也是一样，在得到释放之后就立刻被差回他的本乡（路8:28-39）。耶稣并没有对他说："来跟从我，上一些课程，学习正确的教义，操练你传福音的技巧，然后你就能把宣教团队组织起来，带到你的老家去。"相反的，耶稣吩咐这个很想做他门徒的人说："你回家去，传说神为你作了何等大的事"虽然这个人只是刚信主，他也能为神的国作出贡献。

这是因为一个人信主之后，就有"莫大的能力"放在他这"瓦器"里（林后4:7）。例如，当你感到软弱的时候，应该被鼓励过："因为神赐给我们，不是胆怯的心，乃是刚强、仁爱、谨守的心。"（提后1:7）在这时候，你不需要祷告："神阿，我感到害怕，求你给我刚强、仁爱、谨守的心"，因为神已经给你了。

在我和我妻子结婚的时候，我口袋里只有一点钱，我们租了一个很便宜的房子，里面没有什么家具，我妻子买了所有的家具作为嫁妆。但从我们结婚的那一天开始，那些东西就不是"她"的东西，而是我们的东西了。

我信耶稣的时候也发生了同样的事，在我们信主的一瞬间，我们"和基督同作后嗣"（罗8:17;另见加4:1）我与基督联合，就像丈夫与妻子（弗5:32）或枝子与葡萄树（约15:5）或头与身体（西1:18）的联合。从我信耶稣接受圣灵的时候，"或世界，或生，或死，或现今的事，或将来的事"都是我的了（林前3:22）。我在开始基督徒生活时作了什么特别的努力来赚取这些事物吗？没有，全是靠耶稣在十字架上的救赎。

我是在什么时候进入这个状况？活水是在什么时候开始在我内心涌流？是在我成熟而洁净之后吗？不，这个属灵状况是每个基督徒都拥有的，包括最年轻的属灵婴孩。所谓信心，就是指知道并相信这个事实。

每一个信耶稣的人都是"披戴基督"（加3:27），我们"出外"去"使万民作主的门徒"（太28:19）实际上是在复制我们"内在"的改变——变得有基督的形像。

天外内的基本结构

那么，就按照天，外，内的顺序来讲课程的基本基本结构吧。首先，人生活在三种爱的关系中——与神的关系、与外面世界的关系，以及与自己和其他信徒之间的关系。分别表示为"天"，"外"，"内"三个汉字。

如果把人字看成一个图形，分别有上，左下，右下角的3个出入口形成。如下图在"人"字的三个端点写着"天"、"外"、"内"三个字。在写"人"字的时候，首先是从"天"那一端开始下

21

笔。对于人类，在3种关系中最重要的是与神的关系。

　　我们用两种方式来表达对神的爱。首先，我们因他不变的爱而喜乐。神把他的儿子耶稣赐给我们，作为最好的礼物，所以每天向他表示我们的喜乐和感谢，这就是在表达对他的爱。里"我们是天上的国民。"（腓3:20）。如果你有一本户籍誊本，即使你犯了很严重的罪，你的户籍誊本也不会被消户。无论我们处在什么情况，不会被他遗忘，神告诉我们都属于他。所以我们随时可以"名字记录在天上而欢喜"（路10:20），也就是为着神不变的爱而欢喜。

　　表达我们爱的第二个方式是服从他。耶稣说："人若爱我，就必遵守我的道。"（约14:23）耶稣是好牧人，他每天对他的羊说话。我们听到他的声音并服从他，是我们爱神的表现。当我们让神喜乐并服从神时，我们就会知道神的旨意了。

什么是神的旨意？神的旨意是"万人得救，明白真道"（提前2:4）。慈悲的神希望把每个人抱在怀里，因此他的门徒要向那些"困苦流离，如同羊没有牧人一般"的人介绍这位好牧人（马太9:36）。因此我们要服侍我们周围的人，要勇敢的为福音作见证。我们与神的"天"的关系，自然会引导我们进入与别人"外"的关系中。

当我们进入世界，与人分享神的心意——"神爱世人，甚至将他的独生子赐给他们"（约3:16），我们会有"软弱、凌辱、急难、逼迫、困苦"的时候（林后12:10），但如果我们生活中一直因他不变的爱而喜乐并顺服他时"患难生忍耐，忍耐生老练，老练生盼望"（罗5:3-4）。所以，虽然我们"外"的关系会带来苦难，但通过苦难所带来的盼望，我们会与神紧紧的联合，有份于基督的苦难，这会使我们"内"的生命生发出基督的柔和与谦卑。

通过这改变的过程，我与别人的关系也会改变，当我的性格越来越像神，我就会对我的弟兄姊妹有更深的爱。我"内"的关系中流露出爱，意味着我里面有很大的改变，也意味着我爱我周围的信徒。

这爱就能对别人作见证："你们若有彼此相爱的心，众人因此就认出你们是我的门徒了"（约13:35）。我们里面的改变会趋使我们从"内"出到"外"，去完成使命。

=====================================

我们训练的三个方向，明白神要拯救所有人的心意（天），出去向人介绍这位好牧人（外）时，通过苦难变得越来越有基督的形像（内）。

第四课
练习喜乐

靠主喜乐

　　"弟兄们，我还有话说，你们要靠主喜乐。我把这话再写给你们，于我并不为难，于你们却是妥当。"（腓3:1）

　　这段经文是出自保罗写给腓立比教会的信，这封信是在监狱里写的。当时教会面临很多的问题。俗语说："猫不在家，老鼠就不安分"。保罗的敌人正在各教会中加强他们的影响力，我们虽不知道详情，但很显然保罗不得不写道："别人都求自己的事，并不求耶稣基督的事。"（腓2:21）除此之外，教会当时正受到外地来的假教师的攻击，教会内部带领的姊妹们也彼此不合，保罗的一个同工还得了严重的病。

　　在堆积如山的问题中，保罗再三的吩咐他们要"靠主喜乐"，并鼓励他们"凡所行的，都不要发怨言，起争论"（腓2:14），在面对批评时要保持心里的纯洁，并可发光照亮世界。这卷书只有四章，但"喜乐"这个词出现了十六次。

　　"靠主喜乐"到底是什么意思？它是指为了主所带我们进入的亲密关系而欢喜。圣经上用了好多比喻来表达神与百姓的联合。比如在赛62:5中："新郎怎样喜悦新妇，你的神也要照样喜悦你"。你不妨想象一下，当新郎看见"妆饰整齐等候丈夫"（启21:2）的新妇缓缓的向他走来时，他的心情会如何？你觉得耶稣会说类似"老实说……但是看来你已经作了很多努力了，所以还不错"的话吗？当然不会，神会非常喜欢我们的样子，就像新郎喜悦新妇。

神在圣经中充分的表达着他对我们深厚的爱、他的情感和心意。例如在耶31:20所说的："我每逢责备他，仍深顾念他；所以我的心肠恋慕他，我必要怜悯他。"在赛45:19也说："妇人焉能忘记她吃奶的婴孩，不怜恤她所生的儿子？即或有忘记的，我却不忘记你"。你去想象一个孕妇面带微笑抚摸自己的肚子，高兴地说："孩子在踢我"而神说，即使母亲会忘记她的婴孩，他不能忘记你，神永远记念他的百姓，即使是在他们睡觉的时候（诗127:2）。神对我所有的意念可以用诗篇139:18总结："我若数点，比海沙更多"。

我们与神的联合是永久的联合，如圣经上写的"天上的国民"（腓3:20）。当把两人一组的门徒派到以色列的各城乡服侍，他们一定取得很大的成果，因为他们很高兴的回到耶稣那里（见路10:17），但耶稣为他们指出更应该喜乐的理由："不要因鬼服了你们就欢喜，要因你们的名记录在天上欢喜"（路10:20）。我们的名记录在天上，在生命册上（启20:15）这是什么意思呢？神向我们宣称："我总不撇下你，也不丢弃你"这个真理是我们使命成功的基础。我们不只要为鬼服我们而欢喜，不只要为使死人复活而欢喜，不只要为转化列国而欢喜，我们实在要为我们的名字记录在天上而欢喜。

喜乐是一个命令

"靠主喜乐"是一个命令，它不是一个温和的劝告。劝告你如果你遇到了能让你开心的事情，那你最好要喜乐。喜乐能使头脑被激活，免疫力得以增强，心情还能变得开朗。不！神命令我们必须要喜乐。

通常我们遇到了好事情的时候会喜乐，如果是那样，不需要有人吩咐我们要去喜乐，即使我们面临在不好的事情的时候，因为神命令我们要喜乐，所以我们才能去喜悦。这是建立在信仰基础上的服从的行为。

例如，耶稣吩咐手萎缩的人伸出手来（太12:13）这件事。在过去这个人为了能伸手，作过很多努力，却发现手根本使不了劲。他体验了许多次的失败感到很失望，但这次他还是决定再伸一次。因为耶稣叫他伸出手来，他相信耶稣会医治他。

同样地，神对我们说："人若因我辱骂你们，逼迫你们，捏造各样坏话毁谤你们，你们就有福了。应当欢喜快乐，因为你们的赏赐是大的。"（太5:11-12）

我们在被考验和痛苦中时，不要去自我辩解或进行报复，应该选择喜乐，因为耶稣要我们喜乐，不只是要我们喜乐，还要我们跳跃庆祝，因为这个时候才能知道在天上报偿我们的神。

我们能够喜乐，不是凭着我们肉眼所见的，而是用信心的眼睛看见耶稣在十字架上为我们做成的，是存着盼望看见神将基督的荣耀赐给我们（见彼前4:12-13）。在任何情况下我们都可以喜乐，因为我们知道我们与基督的联合牢不可破，知道我们有一个公义良善的审判者，并知道"万事都互相效力，叫爱神的人得益处"（罗8:28）。我鼓励你不要被你的感觉或情绪所摆布，要操练你的意志去顺服神，使你的心要常常喜乐（见帖前5:16）。

27

表现喜乐的每日必修课

保罗教导年轻的提摩太"操练身体，益处还少，唯独敬虔，凡事都要益处"（提摩前4:8）。例如，体操是锻炼身体的一种运动，刚开始做的时候，会觉得有点僵硬，但如果你每天持续做，一个月之后就会觉得身体变得柔软了。同样，如果你每天早上因为你的名字记录在天上而喜乐，喜乐就会成为你日常生活的形态。

大卫王以对他的心说话，来操练他对神的虔敬："我的心哪，你要称颂耶和华，凡在我里面的，也要称颂他的圣名！我的心哪，你要称颂耶和华，不可忘记他的一切恩惠。"（诗103:1-2）。

我认识一位传道人叫中野雄一郎，他每天都按大卫的方式操练。每天早上，他对着镜子大声宣言："赞美他，再赞美他，尽你所能的赞美他！"我学习了他的办法，我每天早上一起床，都会夸张一点的为我的名字记录在天上而欢喜。这个就像为了伸展发硬的身体做体操一样，你只要不断去做，你就会惊奇地发现喜乐的泉水不断地涌现出来。

有一个女士每晚都作同样的恶梦。她梦到自己站在一片宽广的原野上想到："我要去哪里？如果我死了会怎么样？"然后就在惊恐中醒来，再也睡不着了。她开始参加我们的训练，自从起床后开始练习喜乐，为了她的名字记录在天上而欢喜，从那天起她不再作那样的梦了，一觉睡到天亮，而且从未来的不稳定和对死的恐惧中解脱出来了。从此以后她开始积极传福音，许多朋友信了耶稣，她传福音时脸上充满喜乐。

天外内训练课程，首先是从教一首赞歌开始的，接着我们教一个简单的灵修方法。我们教人在起床时养成两个习惯，使他们能够1对1的与神个别交流。

首先是要向主表达我们的喜乐。我们采用中野式的"喜乐练习"，而且每周要汇报一次进展情况。

其次我们教他们每天早晨灵修时问神六个问题，在练习时，需要能够辨别神的声音，下一章我们就会探讨如何去做。

如果你养成每天灵修的习惯，每天早晨喜乐地注视耶稣，不久你就会发现喜乐经常充满你的生活。

第五课
辨明神的声音

辨明神的声音

你上次听见神的声音是在什么时候？

所谓"听神的声音"不是指着用你的耳朵去听某种嗓音。雅各告诉我们要"存温柔的心领受那所栽种的道"（雅1:21），这意味着神已经把他的道安置在我们心里了，"听神的声音"就是指要接受领会那信息。

圣经吩咐我们要接受神的道，又吩咐我们要保守我们的心，不让那些不出于神的话进来，"因为一生的果效是由心发出"（箴4:23）因此听神的声音是我们自我成长和追逐给我们的死命的最基本的技巧。

那么我们什么时候能听见呢？耶稣说："人活着不是单靠食物，乃是靠神口里所出的一切话"（太4:4），其中"出"一词的原意是"持续出来"。例如，耶稣跟我们所约定的"你们祈求就给你们"（太7:7），意思不像咒语如你只能许三个愿，然后就没有机会了，而是只要你们"不断祈求就会不断给你们"的意思。这表现出了神不变的心境。同样的，"神口里所出的"的意思不是指"你每个礼拜听一次牧师的演讲去理解神的心意"，而是指神不断地跟你说话。神愿意跟我们说话，与我们交流。

雅歌里面优美地表达了神持续的渴望："我的鸽子啊，你在磐石穴中，在陡岩的隐秘处，求你容我得见你的面貌，得听你的声音；因为你的声音柔和，你的面貌秀美。"（歌2:14）

像和睦的家庭成员之间的愉快的交谈一样，神也渴望与我们直接交谈，我们也需要靠这种个人关系得到复兴。也许神渴望与我们交谈，他的话对我们也是生命之道，但有很多时候因为我们没有去听而错失了很多他的话。

我另外再问你一个问题：你觉得谁可以听见神的话？

神把服从他的百姓比作羊，那不是在夸我们，羊是很胆怯软弱的动物，它们胆怯到甚至不敢跳过一条小溪。它们当然也没有尖锐的爪子或牙齿可以攻击敌人，它们的腿很短根本跑不快，它们也不能聚集成群保护自己，它们没有足够的注意力、策略或智慧来维持生存。但羊确实有一个奇妙的能力，它们能听辨出牧人的声音，如果它们做不到这一点，就不可能保住生命。

耶稣是好牧人"他按着名叫自己的羊，把羊领出来"（约10:3），这些比作羊的信徒他能辨明神的声音，因为所有信徒都能通过内住的圣灵听见神对我们说的话。（见徒2:17-18）

听神声音的三个诀窍

辨明神声音的第一个诀窍是去不断地听并留意他所说的，如果有人不能辨听神的声音，那个人就有可能是不相信，神每天都跟我们说话，不相信羊能辨听出牧羊人的声音的能力的人。

神第一次对撒母耳说话的时候，这个男孩还不知道是怎么一回事，但当撒母耳说"请说，仆人敬听"（撒上3:10）时，他能听到神的声音了。去听神的声音的前提是，相信神不断地在说话，我们也有能力听见它。

辨明神声音的第二个诀窍是不怕犯错。来5:14里说："唯独长大成人的，才能吃干粮，他们的心窍习练得通达，就能分辨好歹了"。如果我们在喝灵奶之外还想要吃"固体"的灵粮，就必须要操练我们灵里的感觉，而不只是增强智慧。很少人在学骑自行车时没有摔过跤的经验吧。摔跤的原因不是因为他缺乏骑自行车的知识：如何坐在车座上，如何掌握车把，如何踩踏板。问题不在于理论而在于如何掌握骑自行车的感觉。

那么如何操练我们的灵觉呢？是要从错误中学习的。如果一个人害怕摔跤不敢坐上自行车，无论他学了多少自行车的知识，他还是骑不了。不怕犯错误，能从错误中学习的过程就是操练灵觉的一个途径。如果我们发现我们误会了神的意思，那时只需要祈求："神啊，对不起，我误会了你的意思，求你帮助我下次能正确地领会"就好。

辨明神声音的第三个诀窍是一步一步阶段性的来。有时候神用"微小的声音"说话（王上19:12）。但庆幸的是当我们开始听的时候，通常会发现这话已经在我们心里了。"因为你们立志行事，都是神在你们心里运行，为要成就他的美意。"（腓2:13）。我们心里不但会有志向还会有恐惧和不安，彷徨与焦虑。当这些感觉出现在我们里面时，我们不必感到失望，因为"人心比万物都诡诈"（耶17:9），我们只要问自己"神在我心里种植的志向是什么呢。"

刚开始时，即使我们问自己也未必会得到答案，但如果我们太过认真，就无法真正操练，还不如选择你认为是神的旨意的，然后尝试对神说

33

说看："主啊，我觉得这是你让我做的，对不对呢？"用口说出也是操练的一部分。

之后做祷告时可以说出声来，然后去感受你心里是否有"合适的感觉"。如果你觉得不对可以重试；如果你觉得"对了"，就尝试把它记下或告诉别人，这个办法可以帮助你确认你是否被圣灵的风所带动。当你认定一个想法是对的，就祷告问："主啊，我领会到你要我这么做，如果我的领会是正确的，下一步要应该做什么？"当你研磨你的感觉时，你就能感受到那是"顺风"还是"逆风"——神是否认同你的决定还是不认同。

你不要只是去眺望，相信能听见神的声音，反复地去操练非常重要。当你祷告、记录、说话、默想时，渐渐地你心里就会越来越能肯定，从"是这个吗"到"可能是这个"到"我确信是这个"。

导师的角色

我教这个课的时候，在默想一分钟后，我会说："请写下你心里现在的想法，你写了一件事之后就会有更多事分配给你。"有的人写得很顺利，也有的人只写了一件事，但通常几乎所有的人都有东西写，这是信心的第一步。

之后我们会把两三个人分为一组，彼此分享所领受的事，并且为彼此代祷。在这时候大部分人都会为着所领受的引导而感到平安。就像一个人骑自行车，骑了几米之后就不那么慌张了，觉得自己能够驾驭。当一个人跨出信心的一步，领受了神所赐给他的信息，他会感到喜乐，这也是操练的重要目的。

这种操练就像一个棒球打击手，事先判断飞来的是什么样的球，遇到了他所期望的球，就照着他每天所练习的方式挥棒，他可以很从容地打出去。在棒球队中，一个人在三次打击的机会中有一次准确地挥棒，错失了另外两次，就已经算是很了不起的打击手了。同样地，你在开始操练听神的声音时，心情大可放轻松，不必对自己太苛刻，不必担心如果犯错会怎么样。当你不断操练之后，打击率就会提高。

在这过程中，神不断训练我们，使我们能更好的打信心的这个仗。主"教导我的手能以争战，甚至我的膀臂能开铜弓"（诗18:34）

导师的基本任务不是教导人聆听的正确方式，或纠正错误。你只要点出需要注意的地方，并且鼓励人，那些不期望发生的现象就会渐渐减少。

在信仰生活的初期阶段，训练怎样去辨别神的声音的人，在以后的训练中是非常有利的。无论你怎样操练，有多少经验，也会有听错的时候；但如果你担心怕听错，你就永远无法听见神的声音。我们每个人都可以与神直接交谈，所以都能听到他的声音。

我们要记得，耶稣很希望每天和我们谈话，我们要做的只是鼓起勇气，并向他敞开心扉（见启3:20）。我相信耶稣为了鼓励我们，会让我们尝到成功滋味的。

如果我们持续操练不怕失败，从错误中学习，不沮丧，我们就一定会越来越能准确地听到他的声音。

第六课
向天父求问

双向对话

你有没有经验过，当你接到一通电话，对方没有给你开口的机会，只是不断说他要说的，然后就把电话挂掉？有很长一段时间，我的祷告就是这样。

当我说完我想说的话之后，就如放下话筒一样，说"阿们"之后就结束和耶稣之间的对话。这是多么粗鲁的祷告方式啊！耶稣从没有抱怨，但我肯定他会想："听我说话吧，只要两分钟也好。"

很多时候我们就像马大一样，担心介意很多事，但在我们人生中真正需要的一个，就是在耶稣脚钱坐着听他的道（路10:39）。那么，我们想要与神对话，有一个好办法就是向他提问。在我们天外内课程中，我们建议每个学员在每天早晨表达喜乐之后，就向神问六个问题。

每天早晨的六个问题

首先，我们问与"天的关系"的两个问题。第一个问题是"天父，你怎么看我？"。有一次我在日本冲绳做培训时，其中一个学员是牧师。在他开始这个训练之前，他担心神会对他说很严厉的话，但训练结束后，他说："我本以为我会被神骂，但神竟然那样仁慈地对我说话，真是松了一口气。"

神通过他儿子的死买赎了我们，成为他的儿女。他亲切地对我们说："你是我的爱子，我喜悦你"（太3:17）；"我看你为宝为尊，我爱你"（赛43:4）；"你的声音柔和，你的面貌秀美"（歌2:14）。

神很擅长向我们表达他对我们的爱，我们每天早晨都可以享受他这样的爱。神爱你不是因为你做了什么，而是因为你是他的孩子。

第二个问题是"天父，今天你想让我做些什么？"有时候他会提醒从以前就开始引导你去做的事情，他要你当天也要诚实地去做；也有时候他要你去做新的事情事。实际上，我会写这本书的契机也是有一天，天父说："我要你写一本书"。还有时候，他会说一些让我们有信心的话，例如"不用担心这件事，我会负责的"，或"你所担心的情况不会发生"之类的话。

有时候，当神在答复你第一个问题时，第二个问题的答案也在其中。例如，神可能会说："我已经为你预备了祝福的泉源，所以你今天去某某人家，听他们要说的话。"

第三、第四个问题是关于"外"，也就是与外面的世界有什么关系。首先我们问："天父，我今天该侍奉谁呢？我该怎样侍奉呢？"就像弗6:7说的："甘心侍奉，好像服侍主，不像服侍人"。我们问主，今天要我们服侍谁，怎么去服侍？

世界上有许多人使用或利用别人，但很少人愉快地去服侍别人。许多人想要谈论关于自己的事，但很少人安静地听别人说话，当人们面对一个对自己不利的人，有多少人还乐意与他做朋友呢？

耶稣曾经到撒该的家里做客，我们周围有很多人认为"没有人需要我"。神呼召我们作为他的代表，来到这些人中间，为他们求平安（创12:2），和他们一起吃饭（路10:7），满足他们的需要（太25:31-46），医治病人（路4:18-19），并且"寻找拯救失丧的人"（路19:10）

下一个问题是"天父，今天我该向谁作见证？我该怎样作见证？"如果你当天计划要去见一个非基督徒，就祈求神给你个具体的好方法怎样与他们交流。他可能会给你一句话使你可以用来和他们分享，即使你没有特别的感动，你还是可以确定一点，神的心意是"怜悯他们，因为他们困苦流离，如同羊没有牧人一般"（太9:36）

第五、第六个是关于你和自己以及信徒之间的关系的问题。首先，我们问"在过去24小时中，有没有犯什么罪，请让我忏悔更改。" 根据箴28:13，"遮掩自己罪过的，必不亨通；承认离弃罪过的，必蒙怜恤。"在神面前检查自己，并承认他向你所指出的罪，才能得洁净并成长。天父希望帮助我们"长大成人，满有基督长成的身量"（弗4:13）

我们要每天检查自己，看我们是否落入情欲的试探中，看是否把赐给我们金钱、时间、知识为了荣耀神而有效的利用，检查我们是否向神或向人发怨言，检查我们是否善待了邻舍。如果我们发现自己做的不对，就应该向神认罪。

最后我们问"我怎样向兄弟子妹和传教人员表现出我的爱心呢？"保罗教导我们"爱弟兄要彼此亲热，恭敬人要彼此谦让。"（罗12:10）保罗在他书信的结尾也经常呼吁信徒要彼此相爱。耶稣也说过："你们若有彼此相爱的心，众人因此就认出你们是我的门徒了"（约13:35）。

人们不只会观察我们对他们的爱心行动，也会注意我们对待其他信徒的方式，这会吸引他们归向基督，如果我们每天早晨求问神"可以怎样向其他信徒表达爱心"，并且照着去做，这本身就是一个很有能力的见证。

"天外内式灵修法"就是每天早晨向神问这些问题。

· 天父，你怎么看我？

· 天父，你想告诉我些什么？

· 天父，今天我该服侍谁呢？我该怎样服侍呢？

· 天父，今天我该向谁作见证呢？我该怎样作见证呢？

· 在过去24小时中，有什么是我需要悔改的呢？

· 今天，你想我怎样向身边最亲密的人表现你的爱心呢？

在日常生活中也提问

如果一天的开始是和天父交流之后，这会使你的一天更容易与神保持交流和生活。耶稣说："我凭着自己不能作什么，我怎么听见，就怎么审判。我的审判也是公平的，因为我不求自己的意思，只求那差我来者的意思"（约5:30）。有时候，我们会发现我们一直在追求自己的希望和梦想，为此感到惭愧。由于我们和耶稣一样是被天父所差遣过来的人，我们理当放下自己的梦想，向自己死，每天寻求父神的心意。

那么在日常生活中我们应该问什么问题呢？例如，当我们与人谈话时，我们可以问："天父，告诉我关于这个人的事情"。有时候我们会听到这个人有生理上的问题或疾病，有时候神会告诉我们这个人所面临的烦恼，人际关系或这个人的自我意思，更有时会告诉我们这人未来将要走的路。神告诉我们这些的目的，是让我们告诉人神是怎样的爱他们。如果我们整天这样与神交流，我们就会找到新的方法来向人介绍耶稣。

有一天，一位女士做了一些蛋糕，她做的太多了，于是她问神说："我应该把这个蛋糕分给谁？"然后，一个老妇人的脸呈现在她的脑海中，于是她骑上自行车把蛋糕带给她，这个老妇人收到蛋糕时极其兴奋，她又切了四分之一分给她的一个非基督徒朋友，这个非基督徒妇女说："这位送你蛋糕的人真是个好人"！并且尽力地表达感谢。

像这样的见证不是计划好的，你并没有计划每周送人一个蛋糕，这纯粹只是在天父的引导之下向人表达了爱心而已。我想如果一个没有持特殊资格的很平凡的人开始对神说："请使用我做你的手和你的口"，并且遵照他的引导来行动，全世界都将会被改变。

即使我们愿意听神的声音，他也未必会直接回应我们，而且有时他回应了我们，我们也误会了他的意思，但是这还是一个很棒的生活方式，比起丝毫不听他的声音，完全照自己的计划行要好的多。如果你持续这样做，通过反复尝试错误，总有一天你将能够听到并顺服一个特别的信息，就像腓利所领受的一样，"起来，向南走，往那从耶路撒冷下迦撒的路上去"（徒8:26）

在每天一开始时用六个问题来与神对话，你就能够参与神的计划，遵行他的引导，向别人表示爱心，使你的每天都充满活力。

第六课 向天父求问

第七课
天外内小组

彼此认罪

　　我曾经有一段时间的每周会和一个十几岁的男孩见一次面。当时他竭力想摆脱用手机上黄色网站的习惯。这个年轻人很清楚，他沉迷的不良嗜好不讨神的喜悦。我们第一次见面时，他流着泪对我说："我很想摆脱，真的很想改变"。我们一起祷告，求神加给他力量能胜过试探。

　　下一周我们再次见面，结果是惨败。他还是每天都上了那个网站。尽管如此我们还是为这个祷告，过了一周，他告诉我他有一天没有上那个网站，我们向神感谢，为着这小小的进步而高兴。他虽然在一个礼拜内还是上了六次，但这对他的成长是很重要的一步。

　　一周之后，他有两天胜过了试探：二胜五负；又过了一周，三胜四负。我告诉他："这比一流打击手的平均成绩还要好。"此后他胜过的日子越来越多，最后他能够整周都不上任何成人网站。他决定在他手机上设定时间，每天晚上九点（最容易陷入试探的时间）就能自动关机。神把我和他紧密的联系在一起，这男孩的战斗就是我的战斗，他的胜利就是我的胜利，这是神赋予我的一个奇妙的经验。

　　约一1:9说："我们若认自己的罪，神是信实的，是公义的，必要赦免我们的罪，洗净我们一切的不义"。如果我们承认自己的错误，并宣称只有神是公义的，他就会通过我们和他一对一的关系，赦免我们并洁净我们。与此同时，雅各告诉我们："你们要彼此认罪，互相代求，使你们可以得医治"。（雅5:16）当我们在一个充满爱与扶持的氛围中彼此认罪时，因犯罪而受伤的心灵就能得医治，我们也能得到勇气胜过罪恶的权势。

读经＋代求＋分享

在天外内操练中，我们每天早晨要私下承认自己的罪，而每个星期我们也会有小组的聚集，向彼此承认自己的罪，我们把这个叫做"天外内小组"。这个做法是将Neil Cole的生命转化小组加以改进的。在承认自己的罪的基础上，每周还要分享那一周当中经历的恩惠，以及各自在生活中所进行的课题。

这个小组由同性的三个人组成，每周聚一次，每次大约一个小时。我们会问类似每天早晨灵修所问的六个问题。当组员增加到四人时，我们就分成两组，使得组员能保持在两个到三个人。

头两个问题是关于我们与神的关系："回顾过去的一个星期，什么时候能感受到神与你同在？"，"通过上个星期所读的经文，神对你说了些什么？你是怎样去执行的？"

接着是关于我们与外面世界关系的问题，也就是我们与自己和其他基督徒之间的关系问题。这与早晨问的问题也很相似，这是我们每天早晨操练的延伸。我们彼此问："你服侍了身边的谁？怎么服侍？"，"在这个星期里，向哪些人分享了福音呢？"，"有什么要认的罪吗？"，"对身边的基督徒，你怎样向他们表现你的爱心呢？"我们彼此认罪，并用约一1:9彼此勉励，且接受饶恕。

这种小组没有组长，箴27:17中记载了："铁磨铁，磨出刃来，朋友相感，也是如此"。你参加小组不是为了去培训别人，而是为了让自己在小组中得到训练，结果别人也能同时得到训练。当我们与神和弟兄有真挚，坦诚并活泼的关系，自然就会产生门徒训练的作用。

小组每周聚一次时，每个人都要回答这六个问题。这样的分享恰恰相当与天内组中"内"。而"天"是指读圣经，"外"的内容则是一起为未信主的亲友祷告。于是，这个小组包含了"天"（读圣经），"外"（代求）和"内"（分享）的内容。代求和读经不在小组时间内进行，而是每个人在日常生活中各自进行。我们只在小组当中一起决定要读哪一段圣经，并为哪些人祷告。

我需要进一步解释关于读经的安排。小组要决定每周要读的25－30章经文。举例来说，创世记共有五十章，我们就可以计划用两周的时间读完它。以弗所书有六章，我们可能会用一周读五遍；哥林多前后书总共有二十九章，刚好适合我们用一周读完它；如果有组员不能按我们所安排的完成，我们就不会安排新的进度，而会把过去一周的内容重新读一遍，直到每个人都读完全部内容为止。在这种情况之下，不要去指责那没有完成的人，即使你已经把同样的内容读了很多遍，但你要相信是圣灵还要你在那段经文中学习更特别的功课。

关于代求，如果你们小组的组员为三人，每个人可以提出两个你希望他信主的人的名字。如果组员为两人，每个人可以提三个人。共有六个人被提出来，每天为其中的一人祷告。这意味着一个非信徒每周会被有两到三人持续来为他提名祷告。因为神是听祷告的，我们可以期待这个人会信主。我每周与大约三四个商人学习圣经，在那里聚集的所有的人，都是过去在天外内小组中被祷告的人。

45

很多时候当神听了祷告，有人信主了，他们就跟着为他们祷告的人来参加下周的天外内小组，结果，小组就分成两个二人小组，或一个二人小组就变成三人小组。

最重要的是渴慕和忠实

为了帮助那些信了不到一周的人参加小组培训，我们设定了一些严格的条件。我们为那些夫妇同时信主的人设计了特别的小组，在下一章会提到。而如果一个人已经是基督徒，他想参加天外内组，就必须满足以下两个条件。

首先，他必须更加渴慕得着基督，他要渴望变得更有基督的形象，胜过渴望别的事物，这一点很重要。

第二个条件是，他必须忠实地按着程序进行，如果一个人没有准备好要遵守承诺，他最好不要参加。

我在向人介绍天外内小组的时候，告诉他们只有渴慕和忠实的人才能参加。但有时候牧师没有弄清楚它的重要性，把他们所有的会众都编进天外内小组，结果无法进行。这种情况基本符合开展工作的八十二十定律，你在开展一个新工作时，只会有大约20%的人准备好投入，那些只想维持原状的人，或是只为了顺服领袖而照做的人，最好不要参加。

同时，我觉得教会领袖如果没有亲自体会到，最好不要建议别人去做。教会领袖最好先和同工们为这事祷告，并且和他们先开始天外内小组，如果他们觉得这小组能改变他们的生活，就渐渐增加小组人数，或开始新的小组，求主把那些愿意参加小组的人带来，并求主使更多的人得救，使得小组可以不断增殖。

你买了一瓶很贵的矿泉水，但是你却不觉得渴，那你就不会去喝它。对那些觉得不渴的人，应该等到他们觉得渴再开始。耶稣说："人若渴了，可以到我这里来喝。"（约7:37）神通常是使用少数能影响别人的人，通过他们生活的见证，使他们周围的人渴慕他，你不能尝试去掌控这种草根计划，否则你会妨碍人与神之间活泼的关系。

另外，如果你要开展新的工作，你就必须放弃一些事。如果你在开展时又不想有所舍弃，这种小组就不能持久。你如果想同时抓两只兔子，最后两只都抓不到。

以小组的形势每周聚一次，彼此督促对方是否活出荣耀神并爱邻舍的生活，每天有没有读圣经，并为未信的亲友祷告。

第八课
丈夫和妻子的习惯

家庭极为重要

如果有人问对于你最重要的是什么，你会怎么回答？根据日本统计数学机构2008年所作的调查，回答"家庭"的人最多占46%。换句话说，大部分人认为家庭比生命、健康、自己以及物质财富更重要。日本人是从为什么时候开始有这种以家庭为中心的态度呢？

《漂泊的家庭》一书的作者上田昌弘谈到，在二次大战之后，国家主义倾向开始衰微，传统的村落在逐渐开始衰退的情况下，相对的人们对家庭的所属感反而日益增加。在90年代经济衰退时，大部分日本人放弃了两个梦想，一个是能拥有他们自己的家，第二个是为了能使他们的儿女受到比他们更好的教育，能有一个高收入且稳定的工作。然而现在没有足够的经济基础去实现这些梦想，无论是社会还是个人已经不知道如何应该与家人相处，于是形成"迷失"的局面。教会也反映了日本社会，在寻求保护和扶持，然而解决的方法是在于家庭。

三个好习惯

我们听听我的朋友惠嗣怎么说吧。曾经他的世界观是，人生中最重要的是事业有成，做一个成功的男士，以致当他的妻子和美做了或说了一些妨碍他的事情，就会不分青红皂白的责备她。他与他妻子的关系更像是老板与雇员的关系。

有一天惠嗣的朋友和他谈，这个朋友刚离婚，他说："我看你就像看我以前的样子，你婚姻生活美满吗？"惠嗣听了感到很惊讶，因为他认为一个勤奋工作的丈夫和一个顺服的妻子是最理想的夫妻关系。这事之后他和他妻子一起来请叫我。我和他们分享了我和我的妻子每天必做的三件事。

这三件事是夫妻每天都应该做的。即使采取了特别措施来恢复婚姻关系，那不能维持太长时间。就像在骨折的腿上不用石膏，只用止痛药并包扎一样，它能起一时的作用，却不能持久的生效。但如果我们每天向对方习惯性的表达爱和真诚，我们心里就会自然产生对对方的爱和渴望。要有好的关系就需要每天都有真诚和爱。你每天怎么种，就会决定你每天怎么收。（加6:7-9）

那么就来说明是哪三个事吧？

第一个是心连心一起祷告。"我又告诉你们：若是你们中间有两三个人在地上同心合意地求什么事，我在天上的父必为他们成全。"（太18:19-20）一对夫妇如果每天能一起心连心的祷告，就会实现主的应许。

第二个是分享感受。一个人可以经由训练而提高他明白并向同伴表达感受的能力，如果我们能不断操练这种技巧，就能更容易倾听彼此接纳彼此。先用一段短时间作祷告，接着每个人分享过去24小时内所遇到的事，以及自己的感受，包括喜怒哀乐、寂寞、害怕、内疚、失落等等。接着他们要回忆他们初次有这种感受的情景加以描述，并分享他们儿童、青年时期的经验。这时候需要注意是不要提起与配偶者有直接关系的经历，而且也不要对配偶所说的发表任何评论，不要去批判或教导，而是实在的去接受它。

第三个是温柔地彼此夸奖。你的配偶是神为你选择的特别的人，值得你的夸奖。让我们彼此称赞，助对方成长。你每天要找出两件配偶所做令你欣赏或感谢或钦佩的事，并把它说出来。不要觉得不好意思，要认真地彼此分享。当你被夸奖你时，只要说声谢谢，不要去否认，而是以感谢的心领受，并且存记在心。

开始了这三件事的惠嗣和和美变得怎么样了呢。过一段日子之后，惠嗣对我说："通过你教我们的这些，我变得能够接受自己的创伤和软弱，能理解我妻子的痛苦和困扰。有一天神对我说：'我创造你，使你能够和和美一起承担她的重担。"和美对我说："我很惊讶地发现我里面有这么多的情绪，我也开始注意到我丈夫的不同侧面，越是了解越觉得亲近，就像我们重新坠入爱河一般，连我们的孩子也改变了，他们的行为比以前好了很多。

建立新式的家庭

基督徒家庭若养成这三个习惯，他们就可以为这个国家创立家庭的新形式。家庭关系得到恢复，也可以影响整个社区，使它不再意味追求稳定或高收入的工作，又能开启一扇窗户，引导人进入神的国，为一个充满不健全家庭的社会带来渴望和羡慕。

一个有良好关系的家庭是传福音的最有利的武器。非基督徒家庭接触到这种家庭，就很容易信主；而且如果他们也学习了这三个习惯，就会形成见证链，这个见证链不需要培养教师或些教程，普通的夫妻就能成为见证链的主要要素。

新约记载的教会是家庭教会，家庭与教会有密切的联系，旧约中也是一样。百姓一年只有三次去耶路撒冷的圣殿敬拜，以色列人的信仰是建立在每个安息日的家庭团契上的。从事养殖，农业或渔业的男人们，常常到了夜里也不能停止工作，有时还要熬夜。但他们在每周五日落之前一定回家，然后听他们妻子的倾诉，并享用妻子所预备的晚餐，也把神的话教导给儿女们。（见申6:7-9）

这些日子人们越来越重视恢复家庭关系，但它根本的问题在于家庭与教会的隔绝。我们不必想很多解决的办法，就像在教会里开家庭的课程，而是应该改变观念，明白家庭就是教会，也明白家庭的改善能够影响世界。

一个家庭中的天外内小组是采用"三个习惯"进行的。"天"的习惯是祷告；"外"的习惯是对其它家庭产生影响力；"内"的习惯是分享感受并彼此夸奖。夫妇都信主的家庭能成立以夫妇为核心的天外内小组。

表达情感的练习

"三个习惯"也是一个训练我们表达内心情感的好方法。人类是思考的动物，也是感情的动物。我们的感情和我们的智慧一样，都是构成我们人格的基本要素，它是神所造的。使我们能像别人表达，如果我们压制、攻击、掩饰自己的感情，我们就会忽略掉神所为我们的人生设定的重要领域。现代人很多的问题都是出在我们勉强自己适应社会的理性及合作的模式，结果我们自己都不明白自己真正的感受。

赋予给我们的情感中没有一个是没有用的。能真正明白自己感觉的，并能适当地向人表达，这使我们能了解自己并且了解我们的伙伴。你要努力掌握这些习惯，并掌握表达情绪的技巧，你可以尝试列出一个情绪表，从中判断你现在的情绪是属于哪一种。你每天去分辨不同的情绪，并表达出来，这能够加深你和你伴侣之间的了解，也能增进你们的关系。

在人与人之间有许多种关系中，圣经用夫妻关系来描述基督与教会的关系。（弗5:21,23）"爱妻子如同爱自己的身子"（弗5:28）的一种表现，每天倾听并了解妻子里面的情绪。这样做也是一种享受，因为通过它你能感受到夫妻间深深的联合。最后，通过与你配偶的交谈，你可以想象到基督多么喜欢听你分享个人的感受。

下面列出一些与内心世界有关的词，或许能帮助你梳理你自己的情绪：快乐、惧怕、恐怖、愤怒、悲哀、害羞、忧愁、舒服、幸福、怀念、羡慕、奇怪、困扰、后悔、哀悼、爱慕、亲密感、尊敬、爱惜、遗憾、恨怒、憎恨、忌讳、厌恶、平安、感谢、不满、惊讶、好奇心、轻松、放弃、绝望、辛苦、优越感、责备感、期待、空虚、轻蔑、嫉妒、焦急、热情、骄傲。

夫妻一起祷告，分享感受并彼此夸奖，家庭关系就能得到恢复，并且开启一扇窗户，使人可以进到神的国度。

第九课
用你的见证作武器

所有的信徒是世上的光

耶稣来到格拉森人的地方，遇到一个被群鬼所附的人，耶稣把鬼赶出去之后，这个人求耶稣接受他作门徒。耶稣对他说："你回家去，传说神为你作了何等大的事。"（路8:39）于是他回家，把他的见证告诉了人们。说："我曾经赤裸裸的在墓场里横冲直撞时，来了一个叫耶稣的人，把鬼从我身上赶走了。你们看，我现在多正常啊，这样的奇迹只有神才能办得到。"

圣经上记载，他把自己亲身体验的如实的分享的结果，数日之后有许多人从低加波利外来跟着他（太4:25）。神使用那些曾经被周围的人所厌弃的人把救恩带到各处，带到格拉森地区的十个城。

这个故事告诉我们，神很喜欢任用那些刚得救的人。每个信徒都"已经"是世上的光（太5:14），所以我们不应该把光隐藏起来，反而应该去那些还没有信主的人面前，帮助他们使他们能敬拜天父。如果一个信徒不刻意地去到世人中间，3年之后他只能有基督徒的朋友；然而一个刚信主的人具备最好的条件接触还未信主的人，我们不应该让这种机会白白溜走。

信了耶稣之后他就会与你同在。如果我们认为新信徒必须先学正确的教义，灵命也要先成熟才可以作见证，那我们就过小的评价了主，我们不能轻视与新信徒同在的主。

老实说，跟我刚信主时比，现在更会作见证。因为我用了很多时间来学习正确的教义，但我刚信主时带领归主的人却比现在还多。我想是因为，周围的人不得不承认发生在我身上生命的改变。

作恩典的管道

就算是从长期门徒训练的角度来看，人们在刚信主后就投入到传福音的现场是很重要的。灰雁在刚出生之后，把眼前出声的动物认为是母鸟，灰雁的这种习性叫胚教。很多基督徒在刚得救时，也把刚开始接触到的基督徒和他们所教的道理作为以后生活的样板。都说，三岁看大，从小看老，这在属灵生命上尤为适用。一个人在刚开始走天路时的状态会决定他以后的脚步，如果他在刚信主48小时之内所走的方向正确，他以后就会有好的前途。

我有一个朋友，在他刚信主的时候，带领他信主的人就帮助他向别人作他得救的见证，当时他没有想到，世界上还有这么有意思，有意义的事可做。直到现在，他还是每天传福音，不知道有多少人因为他的见证获得新生。

对于初信者最重要的是建立恩典的管道。如果你教导人先得医治，得洁净，成熟，被圣灵充满之后，才能去传福音，他们将会变得很被动，这将拖延他们应当所分享所带来之喜悦的机会。医治、洁净、成熟是一生要做的事，如果你想等到这些都达到了，你就永远不会出去。希伯来书的作者勉励瘸腿的人要"为自己的脚把道路修直了"（来12:13），这与医治和复健同样重要。很多时候人还会从"敬天爱人"的过程中逐渐得到医治、洁净和成熟。

同样地，如果你过分强调在传福音以前一定要被圣灵充满，人们就会倾向于注意自己；但如果你告诉人要"往普天下去传福音给万民听"（可16:15），他们又照着做，他们就会"觉得有能力从自己身上出去"（可5:30）。

有一个姊妹向一个很怕死的人传福音，她说到人若信耶稣，耶稣就会赐给他永生。他们一起祷告，之后这个人感到平安，自己生发一个追求主的心。这件事使得作见证的姊妹本身也改变了，她以前也怕死，通过见证耶稣的复活，她自己的害怕消失了。当圣灵从我们向"外"涌流到别人身上，我们之"内"也得到洗涤、改变。

怎样传福音

传福音的方法很多，而这些方法都是基于从神领受的使命感。神问道："我可以差遣谁呢？谁肯为我们去呢？"那是如果我们回答："我在这里，请差遣我。"（以塞6:8）神就会启示我们应该对谁传，并且用什么方法传。

然而传福音还是有一些原则可以遵循的。其中一个就是成为别人真心的朋友，使人感受到我们是真的愿意了解他们。神本身爱他们，我们也爱他们，就像是神的肢体一样，被神用来表达神对他们的爱。

我们试着去从他们的观点来听他们的故事，了解他们的需要，如果有具体地能未他们做的事，就应该尽量得去帮忙，加深与他们之间的朋友关系。为他们寻求神的心意，然后喜乐地服事他们。有时候为了要成为他们的好朋友，你也需要请他们帮助你，就像耶稣也请撒玛利亚妇人给他水喝一样。

另一个原则是思考如何在尊重你朋友所属群体的前提下，尽量用你所拥有的资源帮助他们。当你跟他们变得亲密之后，大胆的为他们祷告吧。而且在你遇见这群体中的人时，神也会感动你为这人祷告。按照我的经验，如果你对某人说："我可以为你祷告吗？"大部分的人都不会拒绝。我相信神能向一个非基督徒施行医治和神迹，以彰显他的能力和慈爱。

有时候你可以选用一个短句表达你和神的关系，这很适用于渴慕真理的人。例如，你可以很自然地说："我觉得我真有福，因为神爱我。"你每天早上灵修的时候可以求问神可以怎样说这类的话。

很多时候神会告诉我们怎样说应时的话语，如果我们面对传福音的对象时顺服神的引导，神就能把救恩带给一个家，就像路19:1-10所说的耶利哥城撒该的家一样；或者带给一座城，就像约4:3-42所说的叙加城一样；或者带给整个国家，就像徒8:26-40所说神通过埃塞俄比亚的太监所做的一样。

不管我们接触谁，他们都是耶稣所说"我这弟兄中一个最小的"（太25:40），要把他们看作耶稣，以纯洁真诚的爱来服事他们。如果有人愿意信主，我们就带给他们永生了；但即使他们没有信，我们还是有充分的理由去爱他们。神呼召我们要像耶稣那样服事人。

90秒的见证

如果有人接受了我们的服事，或看见了我们奉神的名，所行的神迹，听见了我们描述我们与神的关系，他们作出了回应，接着我们该怎么办呢？我们应该像那个格拉森人一样，作自己的见证。

在天外内课程中，我们训练刚接受主的人怎么才能从当天开始就能向作自己周围的人做见证。圣经上说："有人问你们心中盼望的缘由，就要常作准备，以温柔、敬畏的心回答各人。"（彼前3:15）

训练的要点有三点。

要明确的说明他们信主前后的状况。他们要练习用90秒的时间内，说明他们信主之前的状况，他们如何得以信主，信主后又有什么样的改变。这样做的目的是要叫人明白神行事的大体构造。

要引用圣经的经文。我的人生是神写的"基督的信"（林后3:3）。当他们把自己的经历与圣经挂钩时，他们所传的对象就能认定神（篾3:6），同时也能把神的道撒在他们心里。

要想象所传对象敬拜神的情景。不要不停讲述一受苦的故事，或者说类似"我寻找也找到了"的话，而是要讲述神在你身上所作的工作。我们要祷告，使我们在讲的时候心中的喜乐能够传达到对方的心里。

在我们的课程中，我们把两个人分为一组，彼此操练传福音。有一个早晨，我们在一个地方训练一个人用90秒钟分享见证，他在中午就带了两个年轻人信主。由于神会为我们预备人，我们就不要放任这种机会过去而没有任何作为。不要害怕失败，尽你的全力去做。

很多人告诉我在我的国家传福音很难，但耶稣说："庄稼已经熟了，可以收割了。"（约4:35）许多人正等着听你的见证（见徒16:9,10;提后4:2），你要不断分享你的见证，直到它成为你日常生活的一部分。

59

你应该知道，作见证和争论不一样，我不鼓励你用你自己的一套理论来赢得人心。亚西西的法兰西斯说："要随时传福音，在必要的时候就用话语传。"你光靠话语作见证是不够的，你的生活方式就是信息。爱邻舍的生活是最有力的传教方式。

在一个人刚成为基督徒时，就用爱心服事人，并向人传福音，神就能作奇妙的事，而且这位新信徒也会同时成长。

第九课 用你的见证作武器

第十课
钱财的管理

一个小小的服装店

从前有一个人回到老家开了一个小小的服装店，他的朋友们都反对他这么做，说："像你这么内向的人，怎么能做好生意？"但他回答说："神叫我这样做的，所以一定会做得好。"

他决定把20％的利润奉献给神。为了使他们在工作上把耶稣放在首位，他每天早晨用一点时间和他的员工们在店里一起敬拜神。于是以至于在开店前就已经有人开始排队了，生意很红火。不久附近开了2家大型超市。他祈求神保守他的生意，后来两家店都陆续撤了，只有他的小服装店仍然在继续经营。他和他的家人同时努力传福音，那城里许多人都信主了。

钱财管理的重点

"一个人不能侍奉两个主。不是恶这个爱那个，就是重这个轻那个。你们不能又侍奉神，又侍奉玛门。"（太6:24）

有些人把钱当作他们的神，这些人侍奉钱就像侍奉神一样。重视钱财说明，在轻视把万物都预备给我们且让我们享用的神。所罗门知道其危险性，他祷告说："使我也不贫穷也不富足，赐给我需用的饮食"（箴30:8）。最重要的是，我们如何运用神托付我们的钱财。耶稣说："父怎样差遣我，我也照样差遣你们"。（约20:21）我们在地上为神做的事，会带给神极大的喜乐。

神差遣我们出去的同时，也为我们预备了两件事，就是指导和资源，这是很必要的预备。"指导"包括了荣耀神和爱邻舍的生活原则，以及将这样的生活普及全地的方法。至于资源，一个很重要的其中一个资源就是钱财。"我的神必照他荣耀的丰富，在基督耶稣里使你们一切所需用的都充足。"（腓4:19）神赐给我们钱财，使我们能荣耀他并祝福我们的邻舍。钱财不是人生的目的而是媒介。

钱财管理的原则

我们要把钱财管理的原则分三方面来谈：天、外和内。

关于"天"的方面，我们建议以借助献金与神交流。献金是"极美的香气，为神所收纳、所喜悦的祭物"（腓4:18）。我们奉献时所想的生命不是自己的，而是想念神赐给我们的。我们把收入的一部分拿出来，是藉此表达我们对神的爱、尊敬和感谢，绝对不要想要用献金来掌控或贿赂神。

就算我们把所有的收入都拿出来也不过分（见代上29:14），但"神赐人资财丰富，使他能以吃用，能取自己的份，在他劳碌中喜乐，这乃是神的恩赐"（传5:19）。神看到我们快乐，他也快乐。所以希望我们用我们的所得到的收入过简朴的生活，享受我们的劳动成果，并把多余的钱奉献给不光是把自己的孩子而且还把万物赐给我们的神，来表达对他的感谢。

事实上，如果我们打算在有余之后才把钱拿出来，那我们就会失去很多献金的机会。"你们要先求他的国和他的义，这些东西都要加给你们了"（太6:33）。当我们有了收入时，我们要先决定要拿出多少来献金，把它们先抽出来（见林前16:2）。"捐得乐意的人是神所喜爱的"（林后9:7），真心的去献金，去享受与神交流所带给我们的快乐。

关于"外"的方面，我们要把钱用在传福音事工上。我们应该怎样利用定期募集的献金呢？是用民主的方式要商量决定吗？或完全按照预言所指点的使用？在徒4:35里有这样的一句话，人们把钱放在使徒的脚前。

"使徒"一词是指"奉差遣的人"，他们被被差派到各地去传扬福音，是为培养门徒打基础的人。"放在使徒脚前"说明首要的用途是，支援使徒们的事工上（见弗4:11），支援他们到各教会和宣教工场的开销。那时没有固定收入或报酬的"全职传道人"，而是"照各人所需用的分给各人"（徒4:35）。

其次，我们应该把钱用来开展新领域的门徒训练工作。在经常性的奉献之外，有时候我们需要一次性奉献给教会领袖，或支持巡回传道人（见提前5:17）。

第三，我们应该用钱来支持弟兄姐妹的需要，如果你常以此为念，适当地给出去，教会里就"没有一个缺乏的"（徒4:34）。

你在决定把钱用在哪个方面用多少的时候，可以与人协商，也可以直接寻求心里的感动，但要把钱用在传福音的事工上这个原则，应该成为做最后决定的基本根据。

第十课钱财的管理

关于"内"的方面，我们要小心不要太受钱财的辖制。一个抓猴子的办法是凿一个洞，这洞口的大小足以能让猴子把手伸进去，却不足以让它抓着东西。如果猴子放弃饵食，就不会被抓住，但猴子是因为贪婪而被抓住。同样地，那些掌握着钱的人，也会被钱所掌握。你如果舍不得放下金钱，你就会成为它的奴隶。

"贪财是万恶之根，有人贪恋钱财，就被引诱离了真道，用许多愁苦把自己刺透了"（提前6:10）。

"你们存心不可贪爱钱财，要以自己所有的为足"（来13:5）。我们要定期省察自己，看是否已经陷入金钱的试探中。要引导那些初信的人做第一次的献金，且帮助他们制定定期献金的计划。献金是把整个生命奉献给神的重要步骤，"因为你的财宝在哪里，你的心也在那里"（太6:21）。

恢复商业社会

我经营一个小公司。有一天我和一个附近开商店的人吃午饭，我问他生意如何，他说"你也知道最近的经济状况，我可谓步履维艰，但是你的公司看来不错，不是吗？可能是这一带最好的了。"我立刻回答："我们的老板很会经营，我们公司的老板是耶稣。"那个人很惊讶的问："你是什么意思？莫非你是基督徒吗？"我点了点头。他继续说："啊！我猜也是，上个月我们在商业会厅见面的时候，我就觉得你很特别，我说不出是哪里特别，但我感受到一些东西，这就是为什么我想见你，想和你谈的原因。"

后来我向他作见证，讲述耶稣如何引导并保护我们的公司。他告诉我乐意介绍另一个朋友给我认识："我和X先生从小就认识，他现在遇到了一些问题，我很希望他成为基督徒，我想找时间介绍你们认识。"保罗也说到"你们或吃或喝，无论作什么，都要为荣耀神而行"（林前10:31）。我举这个例子，是要说明即使在商场中也应该彰显神的荣耀。

在我们的社会中，有很多知名的企业都与新兴宗教或算命的有关联。许多人在各个方面去祈求他们所崇拜的对象，希望能够生意兴隆。基督徒商人有权利向全宇宙的主祈求智慧和能力，并把他们运用在事业上。当神施行了明显的奇事，他也就得到荣耀。

商业对于社会有很大的影响力。商业中的价值体系和思考模式会对社会各个角落产生影响。现在社会上有很多不健全的家庭，工作狂父亲忙于工作而忽略家庭，这就是一个例子。

殷勤工作并发挥创造力本身是一件好事，但我们同时需要认识一点：爱邻舍，扶持家庭，行公义公平，在群体中彼此扶持等也是极为重要的。

一个普通的基督徒若在他们的职场中经历到耶稣的能力，爱和智慧，并化作好见证，商业圈子就能成为神手中的工具了。当基督徒商人寻求"无论是生是死，总叫基督在我身上照常显大"（腓1:20），他们就能把神所赐给他们的经济资源运用在神的国度上。

神为了他国度的需要而赐给我们金钱，我们若很好的管理，把它用来荣耀神并祝福我们的邻舍，我们就不会受金钱的辖制。

第十一课
互动式查经

不要惧怕你们这小群

　　暑假的一天，有六个学生一起玩了整个下午。到了晚上，他们决定一起查经，他们所查的是罗马书第六章。他们轮班读了一遍之后，分享了个人的收获。但他们发现这一章有太多新的内容他们不太明白。在沉默一段时间之后，一个高中生开口了："这里所说的旧人和新人是什么意思？"

　　又沉默了一阵子，带头的学生想起了当天发生的一件事，说："我想它就像这件事：吃午饭的时候，阿建和阿郎打了一架，当时阿建说：'不要再管我了！'。'旧人'是不是指当耶稣对他说话时，他会说'不要管我'的那种人。后来就像阿建和阿郎和好了一样，'新人'是不是指向耶稣道歉并和好的人。你们怎么认为？" 其他五个学生听见这话，纷纷点头说："原来如此啊"。

　　如果当时有一个受过神学教育的成人在那个组里，他们可能就会用很多的专业术语，像和解、成圣、义人的地位和经历等等来解释一番。但是这群男孩用他们自己的经验和自己的语言来解释了圣经。我们在这一章就是要介绍这种查经方式。耶稣曾经劝勉人"你们这小群，不要惧怕"（路12:32），我们如果相信这话并且全全托付给他，奇妙的事就会发生。毕竟没有比耶稣更好的经教师。

在日常生活中，为了要与基督同行而所做的事情，谁都可以通过学习圣经来知道。在学习过程中当然也会遇到难解的经文，这类经文就算是神学家争论多年，意见也未达成一致。但是如果你用诚实追求真理的态度来读，就算你不是神学家，我想你也可能会明白神的心意。

神学家花了很大的功夫来解释圣经，我为此感恩，从中自己也学到了不少神学，但想要使全人类作主的门徒，最重要的是帮助普通人能够阅读并明白圣经，并且把圣经的话实践出来。所有的信徒是祭司因此能做到"彼此教导，互相劝诫"（西3:16）。就算一个人不是神学家，他也能从圣经学到各种教训，并且把所学的应用在生活当中。如果有人遇到困难，他顺服圣经的教训，就能通过他的见证激励遇到类似困难的人。

聆听、实践、分享

介绍另一个事例吧。我曾经很喜欢讲道。当我在准备讲道时，我和神互相交流，并且直接从他那里领受真理，为此感到高兴。我也很喜欢与人分享那些通过与神的交流得知的真理。有时候我想："今天的讲道是一种艺术"，我陷在自满、自乐之中。但是问题来了，就算是那些听完我"精彩"讲道之后表示完全理解的人，却没有想改变他们生活的想法。

有一次，当我讲完后，一位年长的人对我说："牧师，你还很年轻，所以能说这些话，但现实是很残酷的。圣经上是说了要这样做那样做，但是我做不到。"我发现到处都有这个现象——人们信主，但就像那老人一样。我明白了我的讲道是失败的。后来我就不再这样讲道，我换了一种聚会形式，就是大家一起查考圣经。

我们每个人轮读一节经文，然后要求每个人对自己所读的那段进行解释。那个女士所读的是约9:41。耶稣对他们说："你们若瞎了眼，就没有罪了；但如今你们说'我们能看见'，所以你们的罪还在。"

这个女士说："我以前觉得我能看见，但我看不见，我是个罪人。"当时在场的人都很受感动，我注视她的脸，她的眼中含着晶莹的泪珠，从那天起她的生活完全改变了，她直接从圣经领受教训，并且顺服神的话。

我因此明白，圣经可以直接与人说话，我该做的不是把自己放在神和人中间，而是帮助人自己站在神的面前。我们把这种查经小组称为"互动式查经"，因为这种模式不是由一个人讲解圣经而其他人围在旁边听，而是每个人都参与其中边对话边学习圣经。

怎样进行互动式查经

互动式查经怎么进行呢？有好几种方法，现在我介绍我所用的方法。

首先，我们需要一个主持人，大家轮班担任。主持人事先负责选一段3－10节的经文，然后指一个人为三件事做祷告：一、求神使我们从经文中听见他的声音；二、使我们能把他的话实践出来；三、使我们能把所学的以及打算要做的与别人分享。

接着，我们或者默读，或者请人读一遍经文，然后默想几分钟。多次反复阅读后默想的过程，在第二次或第三次默想前，主持人告诉他们："之后，我们每两个人分成一组彼此分享，请决定彼此要分享的一个主题。"最后的默想结束后，就开始两两分组，每个人向他的同伴分享三件事：自己学到了什么、打算怎么实践、聚会结束后打算怎样与人分享。在分组之前，主持人要告诉他们："你们等一下要分享你的同伴所说的，所以要注意听他说。"等两个人都分享了之后，主持人指示他们："你们要向你们的同伴确认一下，刚才自己所说的内容是不是你的同伴说要表达的意思"

两个人分享完了之后，就把同伴的分享内容，在所有人面前进行分享，等所有的人都分享结束以后进行自由讨论。这时候，我们探讨三件事：一、是否有些感想是大家所共有的，以致可以确信这感想是从神来的；二、是否有些人不明白别人所说的，这时候可以澄清；三、神有什么话对全体说。最后，还是回到原来的小组一起祷告，使我们能把所学习的经文实践出来。

就算是初信者，如果能定期参加学习会也能做主持人，即使有人提出很难回答的问题，主持人未必要回答，他可以把这个问题巧妙地抛给别人；不管是主持人还是其他人，如果支配着整个学习会，就会剥夺大家共同互相学习的机会。如果没有人能当场回答这个问题，你可以指定一个人去找答案，在下次聚会的时候分享出来。查经最主要的目的不是掌握新的知识，而是要能做到通过经文直接与神交流学到东西（天），按照神的指示能走出世界（外），也能彼此勉励（内）。

给实践成功的人教下一步

目前为止说明了7个技能。一是，生活要服从；二是，祷告 ； 三是，天外内组；四是，夫妇每日必修课；五是，个人传道；六是，钱财管理；七是，互动性查经。天内外培训其实分为2个阶段，以上所说的7个当中，对于实践了其中6个的人，会进行第二个阶段的培训。天内外组和夫妇每日必修课，这两个当中可以选择一个，当然也可以2个都选。

以前没有分2个阶段进行培训，结果出现了2个问题。一是，参加培训后要完成的课题太多，使焦点模糊不清；二是，不能够判断参加了培训的人，培训结束后是不是实践了所学的。

耶稣在差遣了弟子后，准备了时间去听弟子们完成任务的结果（路10：17-～24）。进行到了一定程度以后，承认到目前为止所被引导的，要感谢神。

而且，创造一个机会，与弟子们分享他们在实践后所理解的和在现场出现的问题，这得以使知道可以延续下来。

如果给所有的人都教第二个阶段的内容，那只会培养出只有知识，却不去实践的门徒。这只有百害而无利。所以，选择了回心后48小时以内可以去实践的课题去教，然后去确认时候真的去实践了。

在第一个阶段，教的是：人如何生存？的答案，而在第二个阶段教的是：如何去培养派遣门徒。在实际的培训中，只有完成第一阶段课题的人才能看到第二个阶段培训的教材，但是在这本书上，为了能让你们理解培训的全面貌，稍微添加了一些第二阶段的内容。

如果我们相信所有信徒都是祭司，你每个人就应该能通过互动式的查经明白神的旨意，在日常生活中实践出来，并且彼此勉励。

第十二课
差遣训练者

2-2-2原则

如果我问你耶稣有多少门徒，你会怎样回答？可能你第一个想到的是十二个人。但在路10:1里有这样的记载："主又设立七十（有古抄本作七十二）个人，差遣他们两个两个地在他前面，往自己所要到的各城、各地方去"。

耶稣是怎么训练这七十二个人的呢？只是猜想，他可能会委托给十二个门徒训练他们。十二个门徒二人一组分成六个组，如果各组训练十二个门徒，算起来总数正好有七十二人。耶稣的做法是针对下一层的领导或训练者作为训练的重点，保罗对提摩太也是这样吩咐："你在许多见证人面前听见我所教训的，也要交托那忠心教导别人的人"。如果我们从保罗的老师巴拿巴算起，就可以看到门徒训练一代代的传承：从巴拿巴到保罗，到提摩太，到"忠心教导的人"，到"别人"，我们把这种不断扩展的门徒训练模式称为"2-2-2原则"，因为它是出自提摩太后书2:2。

这七十二个人接受了十二个门徒的训练之后，他们又作了什么呢？他们也分为两个一组，被差遣出去。也就是说，有三十六组训练团队被差到以色列各地。如果每一个组按照自己受训的模式吸收了十二个门徒，可想而知就能培养出四百三十二个门徒。

圣经上告诉我们，在耶稣复活之后，他向彼得和十二门徒显现"后来一时显给五百多弟兄看"（林前15:6）。如果你把耶稣所差的七十二个人加上他们所训练出来的四百三十二人，总数正好符合。当时在耶路撒冷的就超过五百人了。他们是为了祭祀访问了耶路撒冷。

如果这五百多人又分为两个人一组，就能有两百五十组训练团队了，如果每个组又有十二个门徒，就可以训练出三千人的门徒。彼得在五旬节讲道之后，"那一天，门徒约添了三千人"（徒2:41）。这三千人得救的时候，已经有受过训练的团队可以去训练他们。

神国的病毒

刚才我所提出的数目是否准确并不重要，有一点是可以肯定的，就是门徒的人数由十二到七十二，到五百，到三千，可以估计这样的增长不是按加法而是按乘法模式。

犹太当局把保罗称为"瘟疫"（徒24:5），按照现在的说法，就是保罗像具备了传染力很强的流行性感冒病毒一样具有很有影响力的人，凡是"接触"了保罗的生活和对他的教导有共鸣的人，成了他的弟子接受训练，并且继续去训练别人，形成一个链条，像疾病那样的传播，结果整个地区都充满了门徒。"神国的病毒"超越了国家、民族和文化的障碍，传播了下去。我们发现通过门徒训练链才得以完成大使命。

大象教会和兔子教会

从繁殖的速度来看，教会能分成两种形态：兔子教会和大象教会。大象每年有四个繁殖周期，怀孕期为22个月，每个周期最多怀一头象，而且一头象要到18岁之后才有生殖能力。如果一切条件都具备了，母象每三年才能生一头象。

至于兔子，它没有明确的繁殖周期，怀孕期为一个月，每次平均生下7只兔崽，出生后4个月就具有繁殖能力。按这样计算，一对兔子在3年之中就可以繁殖出四亿七千六百万只兔子。

大象教会一般是指，以说教为主的一个带薪的领袖，他能讲很好的道，并通过策划和传福音（多半是请人来教堂听道）等手段建立的教会。兔子教会则不同了，他们类似家庭团契，鼓励每一个成员直接与神交流，并教导各人活出荣耀神爱邻舍的生活，又差他们去转化他们的社区。

我们可以把教会重新定义为"从事门徒训练和差遣的小组"，这样就更符合信徒皆祭司的理念。我看见许多的家庭主妇、学生、公司职员和店员摆脱以教堂和神职人员为中心的窠臼，带领他们的朋友和家人归向主，并训练他们，使一个兔子教会一代一代地繁殖。

请不要误会，我不是说兔子教会就是完美的，兔子教会也像大象教会一样，有落入异端的危险。神的百姓不管加入什么形态的教会，都需要为此争战，但我相信兔子教会的危机会小一些，因为每个人都能分享，每个人都能直接从圣经中印证真理。

如果要在我们这一代看见我们的国家，甚至全世界成为主的门徒，有一个必备的条件就是要像兔子教会般地成长。这时大象教会也扮演着一个重要的角色，就是大象教会所兴起的成熟领袖能成为兔子教会的领袖的精神之柱。教会的增长可以很快，但成熟是需要时间的；如果大象教会的领袖明白兔子教会发展的潜力，他们就可以很好的鼓励兔子教会年轻的领袖。

同时，大象教会也能从兔子教会学到许多东西，例如直接与神交通、对大使命的激情、信徒间密切的关系等，使自己充满活力。我希望大象教会与兔子教会在神的使命中能一起前进，他们各自的角色不同，却在爱里彼此同工。

带来链索反应的事工

培养弟子的链索反应，基本是通过人际关系传播出去。这种人际关系不受不同文化间差异的影响。人际关系错中复杂，反复几次了链索反应之后，我们把传给了亲友的福音，它就会像流行感冒一样自然地传播到了更广泛的范围。

"你们要去，使万民作门徒"（太28:19）被任命的门徒，为了做耶稣的见证"在耶路撒冷、犹太全地和撒玛利亚，直到地极，作我的见证"（徒1:8），还需要有策略性地派人到不同文化圈中的地方。如果没有不牺牲个人的安全和舒适的条件，去各地传播福音的人，就不能实现万民作门徒。

在路10:1-3种记载的，耶稣和十二个门徒差遣了"七十二人"，这是人们通过培养弟子的链索反应"国度的病毒"传播到其它区域的 ""战略性的差遣模式""。现在我们学习在差遣门徒事工上，天外内各方面发挥了什么作用。

天的方面要做的是："求庄稼的主，打发工人出去收他的庄稼"（路10:2）。既然耶稣说了庄稼已经成熟，只要工人去收割庄稼，他们就会遇到友好的百姓（见约4:35），现在的问题是工人不够，如果人们肯出去，为着福音奉献自己，即使是"如同羊羔进入狼群"（路10:3），工作还是会进展。

在这情况下，"工人"将是那七十二人带领得救并训练的人。工人本身来自长满庄稼的田地，又奉差遣到另外的人群中去。

主吩咐我们祈求使更多工人能兴起，耶稣所用的"求"字是指持续的恳求，就像寡妇求不义的官一样（见路18）。大概7年前，我和我的祷告同伴几乎每天都在电话里求神兴起更多工人收割庄稼，神也听了祷告，兴起了很多工人。

外的方面要做的是：鼓起勇气并"去"。要差遣人出去，就必然会差人到困难危险的工场，这可能会使我们担心，同时很多被差的人也不想离开舒适的环境，以及周围的朋友和扶持者，但我们应该有信心，并体会耶稣对那些等待听福音者的心情，而下定决心把人差出去。我们越晚差人出去，人对我们的依赖性就越高，我们也会更依赖他们。

内的方面要做的是：把有同样目标的两个人编成一个小组差出。耶稣说："无论在哪里，有两三个人奉我的名聚会，那里就有我在他们中间"（太18:20）。如果这两个人在工作上都与耶稣的步伐一致，就能在工场上顺利地应付各种情况；然而，如果把五六个人编成一组，就会花更多时间和力气去协调。而且，通常最后就是由领袖作各种决定。两个人可以彼此相爱，彼此服侍，非常默契地工作，这本身就是神国度大能的彰显。

如果我们求庄稼的主打发更多工人，并把门徒两个两个编成一组差出，我们就能开展链反应事工，甚至把工作推展到异文化的境地。

第十三课
推开多米诺骨牌

找到平安之子

他在孩童时期，一个朋友因交通意外去世。因为那个阴影从此他就很惧怕死亡。那时他遇见主，开始信心了主。他一信主就和朋友、家人谈论神的存在、神的爱和永生的应许，他的见证不能算是特别动听，但是在那一年中，有超过一百人因为听他谈信主经历而归主。

这个学生就像是路10:6里说的"平安之子"。你可以说"平安之子"是处在他们所属的社会体系和社区的中心的第一块多米诺骨牌。给外来工人的重要的使命是，推动第一个骨牌来促使其它骨牌倒下去。

那么我们如何来辨别平安之子呢？

平安之子有三个特征，这三个特征可以用OWL（猫头鹰）表示：O代表开放（openness）；W代表乐意（willingness）；L代表领导才能（leadership）。

首先，这个平安之子必须有开放的心胸，关心我们的工作，对我们的教导感兴趣并乐意听从。不过并不是所有开放的人都是平安之子，我们所接触的人未必都渴慕真理，有些人只追求他们自己的舒适和便利，他们并不想把真理应用在他们的生活中去跟随耶稣，也不想舍弃任何事物来换取永恒的珍宝。换句话说，他们想要利用神来满足自己的渴

望。"及至为道遭了患难,或是受了逼迫,立刻就跌倒了。"(太:13:21)

其次,平安之子会渴慕真理且愿意改变自己的生命。不过有些人很渴慕真理,却不关心他们周围的人,他们通常忙于自己的事物,没有足够的心思去影响他们的邻舍,他们的生活以自我为中心,只追求自我实现,解决自己的问题,不太关心传福音、门徒训练或群体建造。他们是那种"听了道,后来有世上的思虑、钱财的迷惑,把道挤住了,不能结实"(22节)的人。

第三,平安之子是一个领袖,当他受到群体以外的人激励,就会去肩负完成他群体使命的责任。他们寻求并喜悦神的心,积极帮助他们的亲友成为门徒。他们是那种"听道明白了,后来结实,有一百倍的,有六十倍的,有三十倍的"(23节)的人。平安之子能够为了福音去影响他们所在的群体。外来的工人有责任去教导平安之子,不只是去做门徒训练,也要教导他去训练门徒(见提后2:2)。门徒训练的工作真实的切入点是平安之子以及他周围的人。

撒种的人或是土壤?

圣经里提到有不能结果的土壤。你花了很多功夫在你所认为的平安之子的人身上,他却忽然离开了,或对周围的人也漠不关心,也不必失望或自责。在很多时候,问题不是出在撒种的人而在于土壤。

我明白这一点之后就很得安慰。在东京的某个教会中信徒信仰生活的平均寿命是三年。我的意思是,信徒受洗之后到停止聚会的平均期间是三年。我所参与的教会情况还不错,但是一旦有人停止聚会,往往会很自责。如果把这个比喻成撒种,它没有把土壤不结实的责任归给撒种的人，它没有说因为撒种的人撒的不好才不能结实。在这个比喻中，撒种者的技巧和性格没有构成问题，关键是所撒土壤的类型。

如果你把这个比喻想象成一个很懂得规划的园丁，把优良的品种种在充分灌溉的土地上，这个比喻就很难理解了；但是在耶稣时代的中东地区，人们通常在犁地之前就撒种，所以人们听到这个比喻，就立刻明白植物生长的情况是依赖种子所在地的土壤类型，而不是撒种者的技巧。

我不是在为自己辩解，但我看见许多人离开主，确实会让我想起这段经文。当然我承认撒种者有很多余地去发挥他的技巧和恩赐，也会因此更加熟练，但更基本的关键在于种子是否撒在好土里。

这四种土壤中有三种不能结果，但让我们欣慰的是神在各个群体中都为我们预备了好土，也就是平安之子，会有人能够结果子，为未来开创很多机会。

蟑螂和飞蛾

在三种不能结果的土壤中，撒在路旁在种子被鸟吃了，撒在石头地上的种子被太阳晒干了，于是都不见了。当我们看见他们离开，我们很容易会因此气馁；但是如果我们没有很好的思想准备，第三种土壤会是更大的陷阱。

这个比喻告诉我们"有落在荆棘里的，荆棘长起来，把它挤住了"（太13:7）。换句话说，种子还是长起来了，但它们是在荆棘之下生存的，这种人反而经常受"世上的思虑、钱财的迷惑"（22节）所牵制，没有心去遵行神的道。由于他们没有准备好在基督的苦难上有份，即使他们的一些问题得到了解决，还会发生另外的问题，他们一直在水面上浮尘。

然而这些人不是我们的敌人，神为了拯救他们、已经在地里撒下了种子。另一方面，由于工人的有限，我们需要排定优先次序。你不要被别人的问题弄的团团转，导致你经历耗尽，还来不及服侍那些"听道明白"的人。

有人把平安之子比喻成"飞蛾"，其他的人则比喻成"蟑螂"。蟑螂发现有光就会逃跑，飞蛾则喜欢扑向光。如果你想专心抓飞蛾而不抓蟑螂，你就能期待神成就大事，甚至你的全家、社交圈、公司、学校和地区都会归向基督。如果你找到平安之子，帮助他们发挥功用，可能他们所属的群体中会有30%到100%的人会进入神的国度。

接近平安之子

我们怎样接近平安之子呢？我们用天外内的架构来解释它。

"天"的元素是祝福和神的启示。圣经上教导我们"无论进哪一家，先要说'愿这一家平安！'"（路10:5），如果那里有平安之子，你的平安会停留在他身上。圣经有告诉我们，如果我们遇到一个平安之子，我们就住在这平安之家，不要搬来搬去。

耶稣差遣他的门徒的时候，并没有确切地告诉他们要怎样说话，因为他们说话时自然会得着口才（弗6:19）。我们可以肯定，门徒们会受"父的灵"引导，领受神启示的话（见太10:20）。

"外"的元素是服侍和传福音。当犹太人到达一座城，当地管会堂的人会为他们安排住的地方，并且供应两天的食宿，到了第三天之后，门徒们就需要为家主做事来服侍平安之子。耶稣不要门徒带任何东西的其中一个原因，是他们因此就必须为家主做事，花时间与平安之子相处。当门徒与平安之子一起工作、吃喝，他们就可以谈论那位差他们的人，他们可以见证"瞎子看见，瘸子行走，长大麻风的洁净，聋子听见，死人复活，穷人有福音传给他们"（太11:5），他们也可以医治病人而彰显神的权能。

"内"的元素是悔改和交流。在撒该邀请耶稣到他家之后，他宣布说："主啊，我把所有的一半给穷人，我若讹诈了谁，就还他四倍"（路19:8）；平安之子也会这样，会因着神与门徒同在而认识到"神的国临近了"（路10:9），因而促使他们改变生活方式。此外，门徒"摆上什么就吃什么"（路10:8节），也能显出他们的谦卑和包容。从外地来传福音的人必须小心，除了把基督带给当地外，不要带什么进入当地文化中。

耶稣宣称庄稼已经熟了，换句话说，神已经在我们的周围预备了很多平安之子。平安之子是："城里的百姓"（徒18:10）。神会使用这些平安之子去拯救他们的社区，让他们的社区转变成宣教群体。

那些听了又明白的"平安之子"真是有福，要给他们传讲神的启示，医治他们，服侍他们，与他们建立密切关系，引导他们悔改。之后，你就能推动多米诺骨牌了。

第十四课
共同体改革

开拓教会

二十年往前我写过一篇教会需要引进小组的观念的文章。人们在小组里可以分享日常生活中所经历的祝福和困难可以促进教会的活力。但是在十年前，我更认识到最好把小组的概念导入到非基督徒的人群当中，更能促进教会的活力。导入小组的概念后，即使教会有了更多的活力，但只是坐而待毙，非基督徒接触小组的机会是很有限的。

这时候我的想法有了改变，我觉得如果人们不主动进到教会来，教会可以主动走出去。圣经上有很多经文提到这一点。例如创世之初，神吩咐人要遍满地面，巴别塔的事件，耶稣的宣教命令，司提反被杀后教会也被迫进入外邦，这些都不表示要聚集，而是表示要扩散。如果我们走出世界去作见证，那些对宗教不感兴趣的人们也可以被信奉基督的群体所吸引，并且福音可以通过人际关系来传播。背负着使命的小组可以在任何地方见证基督的爱，这不但能对外界产生影响，也对内部的健全化产生影响。

最近开始意识到，我们是否需要去建立一个"人造"的小组？因为世界上已经充满了各种各样的小组。你去一家稍微大一点的餐厅，你会看见人们围在桌旁聚集，并且彼此分享个人的事。这个世界所需要的不是更多的小组，而是基督。

基督差遣的两个一组的宣教团，他们没有挨家挨户地传。他们没有把信徒聚在一起研究圣经，而是，他们将那些他们未到以先已经存在的家庭关系加以改变，变成以基督为中心的关系。耶稣没有叫我们去开拓教会，而是去使万民作门徒（太28:19）。所谓门徒，是指那些爱神，爱邻舍的人。路加福音十章记载了两个门徒创造"敬天爱人"的新的生活方式。

我们所说的"使人作门徒"，意思不只是意味着个人过着荣耀神和爱邻舍的生活。是指包括共同体内的家族和团体，遵循神国度的价值观和规范，更进一步的于外界的共同体遵循同样的原则建立关系。换句话说，是通过舍己的爱渗透其他群体，转化它为以基督为中心的群体。

神的旨意是要唯一的真神在各个文化领域——政治、教育、媒体、文艺、娱乐、宗教、家庭和商业界——中受到尊崇，而且使整个群体更加公义、公平、慈爱，让神的律例得以彰显（见路4:18-19）。如果我们在群体中更深入地以神的爱去爱人、扶持人，我们就能经历耶稣所宣称的"神的国临到你们了"（路10:9）。

共同体改革的四个阶段

共同体改革的四个步骤：准备、宣告、教育、转移。每个二人团队进到一个群体时，都要在天外内三个方面进行这些步骤。

"准备阶段"

在开始推多米诺骨牌时，我们要和那些能扶持别人的平安之子建立密切关系，或与平安之子所带领的小组建立关系。

天　让神指示我们哪一个小组是我们最适合接触的。

　　外　我们开始与那个小组建立关系。特别是在异文化宣教中，有时要和他们同吃同住。频繁的见面，和他们工作的过程中，我们就能知道谁是这群体的领袖，这群体需要什么，怎样才能改革这个小组，这小组是否具备条件来解决自己的问题。在这个准备期间，必须要与这群体的领袖建立好的关系。有时共同体的领袖就是小组的领袖，即平安之子。

　　内　二人团队通过与小组的交流，在生活方式上，以及在对人的服侍上都需要成为榜样。

"宣告阶段"

　　当你通过交流加深了与群体之间的关系，你就可以开始通过言语和善行来作见证，同时你要为你所侍奉群体的平安祷告。不久小组就会成长为，从事门徒训练和相互支持事业的核心集团。

　　天　求神赐下智慧和引导，使我们能很好地向小组带头人传福音，并建立核心小组，你要知道你拥有医治和行神迹的权柄。

　　外　要仔细倾听小组带头人的话，尽量满足他们的需要，为他们的平安祷告，并且通过神迹奇事将群体转化的核心小组凝聚起来。一旦核心小组的成员接受了主，就开始对他们作门徒训练，要手把手地做，并且帮助他们彼此扶持。

　　内　为核心小组做榜样，教他们怎样传福音和服务整个群体。

"教育阶段"

　　"教育"指的是帮助核心小组能够独立彼此支持并作门徒训练。

天　从神领受指示，得知如何帮助群体独立，自给自足。

外　在获得群体领导人同意，核心小组认可和建议之后，运用这群体已存在的资源，来建立相互支持的体系。

内　鼓励核心小组成员彼此相爱。

"转移阶段"

如果群体当中已经开始有了门徒训练的连锁反应，二人团队就可以离开这个群体，使得平安之子所在的核心小组可以施展权柄，让群体可以独立地开展福音工作。

天　鼓励核心小组不要依赖于二人团队，而直接于神和他恩惠的道（徒20:32）。

外　之后二人团队就前往新的地方。如果他们太晚离开，群体可能会过分依赖他们，使他们成为群体独立的障碍。

内　提醒核心小组要"为自己谨慎，也为全群谨慎"（徒20:28）。由于二人团队是神的仆人，小组也"凡事谦卑，眼中流泪"（徒20:19），他们的话语会带着权威性。

米佐人中间的例子

19世纪后期，福音开始在印度东北部的叫米佐拉姆邦的米佐人中间传播。当时这个种族是猎头族，后来他们经历群体转化，现在他们培养出了很多的宣教士。从这里我们至少可以学到三件事。

第一，传教的方式要符合当地人么的世界观。宣教士首先尝试用传统的：神、罪、救恩的三段论对他们进行传教，但是传教士们认识到那些人的世界观是对罪没有什么概念，也不想通过主来得到解救。当时他们特别想从森林中的恶灵的恐惧中解脱出来。因此宣教士开始谈论耶稣如何胜过恶者和他的权势，结果整个部落归向了耶稣。

耶稣也类似，当他面对一个求他医治的瞎子时，他并没有讲一篇大道理。他区分不同人们的需要，通过去满足那些要求，首先让他们体会神的慈爱和智慧的力量。与他们的关系加深了一步时，才去满足他们深处灵命的需要。

第二，他们培养了本地领袖。米佐人以畜牧为业，分散在八十个不同的地点。从宣教士开始在这里开展工作，他们就仔细地在各个方面训练当地领袖。他们教导领袖基本教义和阅读能力，教导他们怎样向邻居传福音。后来印度政府担心米佐拉邦会寻求独立，为了排除来自国外的影响，就把所有外国宣教士从这个地区驱逐出去了。但是在1989年，米佐人已经支持88名本地宣教士到各个部落去传福音，还差派了50个宣教士到印度的其它地区。

这些宣教士没有依赖于海外来的援助，而是得到了当地人的援助。每天晚上，米佐的家庭主妇会取出一把米，用来支持宣教工作；年轻人捡柴拿去卖，把收入奉献作宣教工作。他们没有过着富裕的生活，但是他们"仍有满足的快乐，在极穷之间，还格外显出他们乐捐的厚恩"（林后8:2）。

第三，他们不仅是传福音，也从事社区发展，例如扫盲和公共卫生。他们用米佐音乐来谱写圣诗，米佐宣教士的传奇故事也一代一代在学校中被讲述。米佐这个种族负起了传播福音的责任，把它看作是他们生活的目的（见林前9:18）。Patrick Johnstone这样描述他们："世界上没有任何种族像米佐人以这样高的比例差派宣教士"。我们能做得比他更好吗。

如果一个平安之子以及一个核心小组，可以从事门徒训练并互相支持，群体就能被改革。

第十五课
发展并辅导
新的领袖

香蕉和菩提树

某个城里住着一个很有名的传道人，每周日的礼拜都挤满人。因为从远处涌来了很多人，为了听他本人主持的礼拜。

但在他死后，这教堂关闭了，因为没有人继承他的事工。那个人从神领受极大的恩赐，甚至在他活着的时候，没有哪个同工能和他相匹配。但是大家如果不考虑那个传导人不在的时候有谁可以继承他的事工，在他去世以后，他的事工就如摄影时的闪光瞬间消逝。

Paul Hiebert 用两个植物——就是香蕉和菩提树——做了对比来指出了"训练领袖的训练者"的重要性。菩提树在日本是常见的观赏性植物，它的原产地印度可以长到30米高的树木。在这个树下人，鸟和动物们在它的荫下乘凉。但是没有什么植物能在菩提树下生长，等到菩提树死了之后，它的周围将近一英亩地会成为一片空地。

相对的香蕉树从不同的角度来讲有着极为强的生命力。虽然它不具备菩提树那样粗的树干，那样随风摇曳的细枝，寿命也不会超过一年半，但它却每六个月长出新芽，并且结出果子。它一年到头开花结果，而且一直繁衍，转眼间就成为香蕉树林。

Hiebert把许多领袖比喻成菩提树，菩提树般的领袖虽然可以做很大的工作，却很难找到继任者。因为他们只培养出了跟随者，没有培养出可以继承的人。跟随者是推测领导的思想，遵照领导的指示办事的人。他们很乐意听从领袖的指示，领袖也可以从中得到很多的自我满足感。领袖决定跟随者要学什么，怎么学。跟随者则照着领袖规划出来的计划前进。培养跟随者不需要太长时间，也不太困难，而且也起一定的效果。但是当领袖离开之后，剩下的就是有高度依赖性的跟随。这样的做法，阻碍了培养下一代领导的萌芽，也阻碍了人们的成长。

一个人去培养领袖，或许不如培养跟随者那样容易得到别人的尊崇。如果你要培养领袖，就不能只要求他们模仿他们教师的思想及生活形态，需要帮助他们通过直接与神的交流，可以独立思考并解决问题的能力。这样做就必须容许他们质疑他们老师的才能，甚至与他们的老师有不同的见解。但是一旦他们如此，当他们开始继承领导的事工之后，他们就能突破前任者的限制，在原有的根基上为新的一代开创出新的道路。

所以虽然许多年轻人仍然是"待琢的玉"，虽然他们想的过于单纯，但是我们不应急于纠正他们，应该继续鼓励他们自己去思考，能在神的面前作决定。此外，也要鼓励他们不依循固定的模式，让他们能认识到，自己应该解决的问题是什么。

这样的工作要用很多时间和精力。我们要和他们讨论，要给他们机会从错误中学习，使他们能保持并发展自主性。一个以这种方式培养出来的领袖，在一段时间以后，能认识到自己的能力，并能承担相应责任。如此，教师将发现他周围有很多年轻的领袖，这对一个领袖的教师是很大的回报。

辅导

　　如果我们想培养出一批能自行判断、独立作业的领袖，我们就需要发展一个特殊的机制。因为这和有经验的人能够向年轻人或初信者传递（通常是用鼓励的方式）他们的智慧和经验有所区别。所谓"辅导"是指着陪伴着要发展的领袖，使他们能直接从神领受引导，并顺利地付诸实践。

　　辅导者应该关注年轻领袖所说的话，就这些话提出问题，给他们鼓励和挑战。辅导是个人性的对话，帮助新的领袖与神建立个人性的对话。

　　耶稣是最好的辅导者。我们把"你是基督，是永生神的儿子"（太16:16）称为教会的根基，但这句话不是出自耶稣的口，而是彼得作的宣告。耶稣提出一系列的问题，帮助彼得直接从天父得着启示。

　　我们进行天外内训练时，也使用问题来辅导领袖。第一类的九个问题是谈到关于受训者自身，第二类的问题则是关于宣教团队、教会或他们所倡导的事工。当受训者逐一回答了这些问题，辅导者就要和他们一起寻求神，省察他们自己是否正将荣耀神、爱邻舍的原则在生活中实践出来。

第十五课　发展并辅导新的领袖

个人	过去	现在	将来
天	在过去一周中神通过圣经教导了你什么?	你在什么时候特别能感受到神于你同在?	神将会用什么方式来加深和你的关系?
外	在过去一周中,你向谁分享了福音,是如何分享的?	你应该帮助哪一个未信的朋友,应该如何帮助?	为了帮助你的朋友和家人得救你可以做什么?
内	在过去一周中你有什么需要悔改的事?	为了能真正成为一个基督徒,目前实践的是什么?	你如何向周围的信徒表达爱心?

教会	过去	现在	将来
天	你过去如何帮助人与神建立一对一的关系?	你教会的成员对聚会和活动是否稳定参与?	你接下来要怎样帮助教会成员喜乐地跟随神?
外	过去一个月在你所属的群体中有谁归信主?	你如何训练人增进人际关系的技巧?	你若要开拓新的教会,还需要什么条件?
内	过去有什么事情妨碍了你团妨碍传教人团结一致的有什么?	你怎样帮助别人更渴慕去塑怎样保人们追求高品性的热情?	你看见什么契机可以促进你主期望的团队成员间的关系?

如果使用问卷

辅导者的目标不只是让辅导的对象成长,而且是通过对象的成长促使他们所带领的群体成长。然而,辅导者也要具备祖父母对孙子的态度,思考怎样帮助他们的属灵儿女成长。作为属灵的祖父母,你能够做一些属灵父母所不能做的事。

作为属灵的儿女,他是大家庭的一份子,能使用各类的资源,这给了他很重要的机会去学习怎样与隔代的人沟通,怎样待人处事。不过,除非你一直专注于帮助学员成长,你要训练超过三代的门徒是不容易的事。所以祖父母训练父母，这间接的影响孙子会比较可行。

我想说明一下这份问卷怎么用。辅导者要定期与特定对象见面，加以辅导。这包括四件事：

祷告　我们先向使人生长的神（林前3:7）祷告，求他在辅导过程中保守并引导，也求主帮助我们能把其间学到的实践出来，再求主封住一切消极的言语和态度。

回顾　回顾过去辅导过程中所定的实践计划，探讨它是否可行。如果我们做到了，我们就感谢并赞美神的良善；如果没有做到，我们要探讨原因，或修改计划，或加倍努力去做。

提问　辅导者与被辅导者一起查看问卷，要求被辅导者逐一回答问题。

决定　为我们想达到的目标做一个可衡量的计划，在下次见面之前实行，并且求主帮助我们做到。然后为着这次见面做一个总结，回想这次最突出的是哪个部分。

辅导者应该培养领袖而不应该只培养跟随者，所以他需要与学员同行，帮助他直接从神领受教导，并认真地化为行动。

第十六课
赋予教会的
五种功能

你的形态

我们一起祷告的时候，总有一些人每次都提同样的代祷事项。例如，我认识的一位姊妹总是说："请为我祷告，使我有胆量传福音。"看来这个人很喜欢传福音。

另一个年轻人说："请祷告使我能与神有亲密关系，也能与朋友有很好的交流。"当他看见有人心里难过，他就很自然地过去陪伴他们。

以弗所书4:11说："他所赐的有使徒，有先知，有传福音的，有牧师和教师"。可以说，第一个姐妹是传福音的，那个年轻人是牧师。我有时候会问领袖们在下面说的4个人当中，你认为和谁能处的比较长：一个人是新兴的领袖，一个人是非基督徒，一个人是心灵受伤的人，一个人是很明确的于我们有着信念的信徒，如果没有也可以不选择任何一个。

我猜想有人会选择第一个人——新兴的领袖，这种人具有使徒的胸怀，因为使徒型的人会培养推动运动的核心领袖，向他们传递异象和策略，使他们的领域得以扩展。

97

选择非基督徒的人可能是传福音的，传福音的人所作的见证，甚至他们的生活都引导教会关注外面的世界，他们迫切地希望失望的人遇见耶稣。

选择第三种人（心灵受伤者）的人可能是牧师，我的意思不是指教会的全职同工，而是指他们具有牧养的心肠，牧者把人凝聚在一起，并且爱那些需要关怀的人，帮助他们成长，鼓励他们彼此相爱，并与神建立更正常的关系。

选择第四种人（有着信念的信徒）的人可能是教师，他们教导那些困惑或错误的人们，根据圣经详细讲解，使教会明白真理。

以上四种人都不选的人是先知，许多先知不喜欢与人接触，只想花时间亲近神，他们的角色是去明白神的心意，并向教会和世人宣讲。

五种功能的平衡

如果教会所赋予的这五种功能中有一种越来越有支配的能力，教会的全体平衡就会被破坏，以致不能成长或完成它的使命。例如一个教会如果是由使徒型的人掌控，就可能会有很多事情半途而废，教会领袖总是不断去探索新的事工，在一个构想还没有完成之前就有了新的构想。

一个被预言者功能掌控的教会常常凭直觉做事，容易失去方向，因为他倾向于期待神超然的干预，有不努力不正确评估的倾向。

由传福音者所掌控的教会会预备很多吸引非基督徒的活动，使很多人信主，但不注重后续的跟进工作，只重复针对初信者的教导。

一个充满牧师功能的教会可能会一时兴旺，随即又衰微下去。人们为了心灵受安慰来聚会，但这种现象太普遍的时候，服侍的人精力就耗尽了。教师导向的教会则是靠着不断推出新的看见和知识来维持的。

这四种教会中许多教会是由教师掌控的，教会外的机构则经常由传福音者掌控，有时候也见到某些教会的牧养或先知功能比较强，而使徒功能强的教会比较少见。问题是出在神的百姓各有不同的才能，也就各有自己的做法。

建立在使徒和先知的根基上

要使得这五种功能一起发挥，就必须要建立在使徒和先知的根基上（弗2:20）。一就是说，教会需要使徒的异象和策略，期待基督的门徒充满各个领域；也需要先知聆听神的声音，得知具体的做法。使徒们掌握路线图，决定下一步事工怎么开展；先知则像卫星导航系统，指引百姓去往那个方向。工作在这个框架下得以开展：大家勇敢地传福音，人们加强与神的关系以及彼此的关系都很牢固，并按照圣经的原则生活。

我们引用保罗的讲道来说明使徒和先知的根基，从中找出天外内的元素。

首先，天的方面是指与神有直接的关系。保罗没有架空以弗所的长老，而是把他们交托神和他恩惠的道（徒20:32）。传福音者容易叫人依靠他们的节目，牧师容易叫人依靠他们的医治侍奉，教师容易叫人依靠他们的圣经教导，然而使徒和先知是巡回的工人，他们知道自己会不断往前去，所以鼓励人们直接从神领受教导。他们希望人们在他们离开之后还能继续承担事工工作。

直接与神联合，意味着当他们把棒子交给下一代的领袖时，真理的认识和属灵的分量都没有减

99

损，如果你只是一直重复某人所做的，你不能期望自己能赢得整个区域或邦国。

外的部分是牢记教会是奉差遣进入世界的。"使徒"一词的原意是"奉差遣的人"，所以当约翰不再旅行布道之后，他就称自己为"长老"，不再称为"使徒"。如果一个人从事使徒的工作，他应该去到福音的最前沿。先知也应该像使徒那样地受差派（见路11:39），去劝勉坚固弟兄们（徒15:32）。使徒和先知都是去到最危险的岗位，给教会作榜样，受圣灵催促（徒20:22），提醒教会记得神的大使命。

内的部分是从使徒和先知的劳苦中看见仆人的生活形态。保罗曾经"服侍主，凡事谦卑，眼中流泪，又因犹太人的谋害，经历试炼。"（徒20:19）他们用自己的眼泪，也用他们"跟随他的脚踪行"（彼前2:21）的谦卑作见证。

建立使徒团队

使徒和先知型的人喜欢开拓新的领域，他们不喜欢受限制。有着具备使徒和先知的潜质的特别的人（其中大部分还没有信主），他们主要的工作是在教会以外的，投身于艺术、商业，企业家，作家等各行各业。因此出现了从教会传出的信息，在未信者世界中得以实现的反差现象。

在2009年12月25日的深夜，TBS电视台播出了一个很了不起的先知性的节目，叫做"2009圣诞应许"，他们从21个乐团当中聚集了34位歌手，把他们的歌联唱起来，每一个歌手先唱他自己的歌，然后所有的歌手加入合唱，联唱延续了22分50秒，很不可思议的可以感受到当时的一体感。这些歌手通常以独唱为主，但现在他们彼此认同，彼此互爱互敬，又一起联唱来表达对彼此的支持，我看到歌手们和听众们流泪，我想教会向世界表达出来的就应该是这样。

保罗把教会描述为"基督的身体"，眼不能做手的工作，头不能取代脚（见林前12:21），每个肢体作它所需要做的工作，但又不是独立作业，身体上有许多肢体，他们又紧密结合成为一体（见罗12:5）。如果我们之间的关系没有到达，一个人的喜乐没有成为整体的喜乐，一个人的忧伤没有成为整体的忧伤，你我们就不能成就什么。即使我们有一点成就，我们也不能经历到神三位一体的实质。

当我们彼此说"让我也来唱你的歌吧"，当我们深刻感受到"有人也愿意和我一起唱我的歌"，我们以这样的关系和团契一起唱神的歌，各个肢体就连为一体了。

这不是说我们每件事都要一起做，而是彼此敬重，成为"彼此爱慕"的群体，这样的群体可以开展门徒训练。审判由神的家起首（彼前4:17），到那时候，教会第一个要悔改的将是她独来独往而没有在一体中运作的现实。我们衡量一个运动是否有价值，应该是看它是否由一个亲密如家人的使徒团队在各方面带来祝福。

教会的根基是使徒和先知，基督的身体中有许多肢体，我们一方面要各自发挥功用，一方面彼此在爱中结合，两者都不偏废，神的计划才能得以进展。

后记
被普通人所
变革的世界

　　这本书是，从2009年9月到2010年4月为止，在《Revival Japan》的杂志上通过16次的连载讲述的《天外内训练-为在日本培训信徒》加以修改而撰写成的。书名是借助于西乡隆盛先生的一句话"敬天爱人"。这四个字，简明的阐述了，要爱神爱邻舍的"圣经里所提示的生存方式"。也是在本书里介绍的天外内训练的标语。把圣经的原则，即敬天爱人"适用在生活中"是这本书的主题。

　　我觉得西鄉隆盛读了圣经之后，应该所被影响了。在他的《南洲翁遗训》中有这样一句话，"道者，天地自然之物。人行道，是为敬天。天佑众生，故当爱人如爱己也。"

　　守部喜雅认为，在这里所说的"天"是圣经里的神。

　　这个训练设计时所用的理论背景，详细拙论在《学习不如习惯-在日本培养草根弟子的例》中。在这本书里记载了更为实践性的内容。这本书是，为了给参加过培养草根弟子训练的人，提供一个参考的资料而写的。为了能使培养弟子的在一般信徒的生活中扎根，需要准备一些基础建设。）基础建设是指，产业和生活的基本设施。一般指道路，铁道，下水道，电网，港口，通信等基本设施。

例如，即使多么想用一部中意的手机，在那个区域里如果没有通讯基地，就不能收到电波。

像连接通讯基地的网被称作基础建设。

对于门徒训练的运动，基础设施是指：与神联合侍奉邻舍，牺牲自己培养弟子为生活方式的人们，即帮助以敬天爱人培训弟子的人们的构造。

这个不起眼的书是，与耶稣更为直接的接触而得到喜乐的见证的基础设施。是支援一般信徒的支援歌。读了这本书的人，会祈祷能在生活中去培养自己所引导的跟随者。

网络名是"iesu-sama"，登陆密码是"shitagaimasu"。

现在就登陆到基础设施里，去培养基督的信徒，让主的荣耀充满，去改变这个世界吧。

2010年4月　　　福田充男